ACTION POPULAIRE

E. ROUPAIN

par
LA FAMILLE

Deuxième Édition complétée

ACTION POPULAIRE
51, Rue Saint-Didier, 51
PARIS (xvie)

A. NOEL " Maison Bleue "
4, Place des Petits-Pères
PARIS

1921

PAR LA FAMILLE

ACTION POPULAIRE

E. ROUPAIN

Par

LA FAMILLE

Deuxième Édition complétée

ACTION POPULAIRE
51, Rue Saint-Didier, 51
PARIS (XVIᵉ)

A. NOEL " Maison Bleue "
4, Place des Petits-Pères
PARIS

1921

PAR LA FAMILLE

Par la Famille (1) la France sera reconstituée et jouira de sa victoire. Instruite par les faits sanglants, la France de 1920 ne supporte plus qu'on tienne la Famille dans une condition précaire, c'est-à-dire *isolée*, à l'état de poussière impuissante ; *anémiée*, comme un organisme exsangue ; *empoisonnée* secrètement par un virus malsain.

La France d'après-guerre veut des Familles *groupées*, fortement liguées ; *nombreuses*, riches d'enfants comme la ruche garnie d'abeilles, comme la vigne chargée de raisins ; *saines* enfin, délivrées des contagions honteuses qui propagent la mort. La reconnaissance l'exige, autant que la prudence. Nous avons été sauvés parce que deux secours nous sont venus : l'un de la Providence divine, qui a ménagé à notre avantage les impondérables de la guerre, inconnue redoutable à laquelle se heurte la science des généraux les plus éminents ; — l'autre, des Familles nombreuses, qui ont fourni au pays les munitions de la résistance et les contingents de l'offensive.

Le chef de l'Etat français, M. Deschanel, avait raison de dire, en octobre 1918 (il était alors Président de la Chambre), à l'*Assemblée générale des Ligues de Familles nombreuses* :

---

(1) *Nous maintenons, dans cette réédition de* Par la Famille, *tout le Plan, mais non pas tout le texte de la première édition* (1913).
Une note, au bas des pages, signale les suppressions.
Plus tard, s'il y a lieu, quand les prix d'édition seront redevenus normaux, les citations et les développements omis ici pourront reparaître.

C'est une lourde erreur, en même temps qu'un blasphème, de prétendre qu'il est inutile d'avoir des enfants pour les immoler plus tard en d'autres guerres. Non : plus les Français seront nombreux, moins on osera les attaquer ; plus la France sera peuplée, plus la paix sera forte.

Aussi voit-on les hommes de sens et les hommes de cœur de tous les partis travailler ensemble à cette tâche nécessaire.

Il est intéressant de constater les *moyens variés* dont s'est avisée leur ingéniosité au service de leur courage :

1° L'ASSOCIATION

Il existe maintenant, en grand nombre, des Ligues dont le but est de travailler au relèvement de la natalité et à la défense des familles nombreuses (1).

La Plus Grande Famille, association déclarée en conformité avec la loi de 1901, s'est constituée dès le début de la guerre. Établie dans les bureaux de la Société d'économie sociale, 54, rue de Seine, comme pour placer sous le patronage de l'illustre Le Play son œuvre de bienfaisance sociale, elle a installé au n° 24 de la rue du Mont-Thabor un secrétariat général qui n'a pas tardé à devenir un centre actif d'apostolat familial. Elle organisait, en juin 1916, des Journées Familiales d'une grande portée, renouvelées depuis. Son

---

(1) Cette intéressante question des Ligues familiales mériterait une étude à part ; on y envisagerait tour à tour, comme autant de chapitres documentaires : *La Ligue Populaire*, capitaine Maire ; *L'Alliance Nationale*, Dr Bertillon ; *La Plus Grande Famille*, M. Isaac ; *Les Associations catholiques des Chefs de famille*, M. Jean Guiraud ; *La Ligue des Droits de la famille*, M. du Maroussem ; *Pour la Vie*, MM. Paul Bureau et G. Rossignol ; mais surtout la *Confédération Générale des Familles* (92, rue du Moulin-Vert, Paris, XIVe), qui forme des Associations Familiales (A. F.) entre les familles d'une même localité ; qui les groupe en Fédérations Régionales, et celles-ci en C. G. F., Confédération Générale des Familles, afin de les représenter toutes devant l'opinion et les pouvoirs publics.

originalité consiste à n'admettre comme membres actifs que des pères ou mères de famille ayant eu au moins cinq enfants. Elle se propose :

a) D'étudier les droits, le rôle et les intérêts moraux et matériels des familles nombreuses ;

b) De susciter ou de favoriser par son adhésion, son concours et sa propagande, toutes les initiatives et tous les mouvements d'opinion destinés à revendiquer ou à développer ces droits, à défendre ou à favoriser ces intérêts ;

c) De provoquer la création ou de contribuer à la constitution de toutes œuvres ou organisations qui seraient de nature, directement ou indirectement, à venir en aide aux familles nombreuses ou à leurs membres.

Mais son activité a dépassé ce programme. L'Association de *La Plus Grande Famille* est devenue un *organe de liaison* entre les Ligues similaires ; et le Comité central de cette Fédération (direction M. Gaston Lacoin, 24, rue du Mont-Thabor) s'emploie avec succès à cette œuvre de groupement et de cohésion.

L'*Action populaire* (*Dossiers*, 25 avril 1920) la signale sous la rubrique des *Offices centraux d'information pour l'action sociale*, et énumère les commissions qu'elle a constituées dans ce but.

Dans le même ordre d'idées, rappelons l'*Association du Mariage chrétien*, siège social à Notre-Dame du Travail, 57, rue Vercingétorix, Paris, XIV°. Elle a pour but de « préparer la jeunesse au mariage et d'aider les époux chrétiens à rester fidèles aux lois de la morale conjugale ».

2° LES CONGRÈS

On sait le succès du Congrès National de la Natalité à Nancy (25-28 sept. 1919) (1). M. Paul Deschanel y prononçait ces nobles et courageuses paroles :

« La France, par l'héroïsme de ses soldats et de ses alliés, a triomphé des Allemands ; leur rêve d'hégémonie est brisé. Mais cette victoire serait bientôt suivie d'un irréparable désastre si nous n'en remportions pas une autre, sur nous-mêmes.

« Français, vous n'avez pas eu peur de la mort, aurez-vous peur de la vie ? Le sang que vous avez répandu généreusement

---

(1) Les *Rapports* de ce Congrès (*Commission d'action religieuse catholique*) ont été publiés par l'*Association du mariage chrétien*, 86, rue de Gergovie, Paris, XIV° (1920).

sur les champs de bataille, n'oserez-vous plus le transmettre aux générations ? La France, par delà les tombes, cherche les berceaux ; resterez-vous sourds à sa prière ? Vous avez accepté de mourir en soldats, refuserez-vous de vivre en citoyens ?

Au moment où paraît le présent volume se tient, à Rouen, le second Congrès de la Natalité (26 septembre 1920).

3° LES MESURES LÉGISLATIVES

Elles n'ont pas manqué ; plusieurs sont à l'étude : réformes fiscales, régime successoral, statut de la famille et du travail, encouragements et primes aux familles nombreuses, vote familial (projet Roulleaux-Dugage), répression des propagandes criminelles, etc.

Le 27 janvier 1920, a été institué, par décret du Président de la République, le *Conseil supérieur de la Natalité*, qui, entre autres attributions, examinera les propositions de lois déposées par les parlementaires, ou les lois déjà existantes, faites trop souvent par des législateurs indifférents au sort des familles nombreuses.

« *C'est depuis la création du Code civil que la natalité diminue en France.* Quoi ! depuis plus de cent ans ? Oui. La natalité française, autant qu'on peut le savoir, était au xviiie siècle la même qu'au xviie, à savoir de 38 naissances en un an pour 1.000 habitants. Sous la Révolution même, elle paraît avoir été très élevée. En 1801-1810, elle n'était plus que de 33 à peine. Puis elle a continué à décroître, régulièrement d'un point tous les dix ans, pour n'être plus que de 20 en 1901-1910. Le virus fatal qui tue la nation paraît lui avoir été inoculé par les auteurs inconscients de nos premières lois. Puis ce virus s'est généralisé petit à petit dans tout le pays, sous tous les gouvernements, les plus autoritaires comme les plus libéraux. Souvent des mesures de détail ont eu les effets les plus imprévus et les plus fâcheux. Le Conseil supérieur devra rechercher ces effets et ces causes et les expliquer à l'attention publique ; il devra, quand il y aura lieu, les signaler au gouvernement et au Parlement. » (J. BERTILLON, janvier 1920).

4° L'ENSEIGNEMENT

Et ici, au tout premier rang, *l'enseignement épiscopal*, direction et sauvegarde des fidèles en ces matières, où la foi et les mœurs sont directement intéressées. Nous citerons plusieurs de ces graves documents.

Puis les *Bulletins*, les *Tracts*, les *Affiches*. — Les Ligues, dont nous parlions plus haut, ont publié d'excellentes affiches, notamment *Pour la Vie*, sur la dénatalité française. — Elles publient des périodiques, qu'il importe de connaître : *L'Assistance Mutuelle*, 46, rue de la Victoire ; — *La Ligue des familles nombreuses*, 88, rue d'Enghien ; — *Pour la Vie*, 32, rue Madame ; — *Le Bulletin de l'Alliance nationale*, 10, rue Vivienne ; — *La Plus Grande Famille*, organe trimestriel, 24, rue du Mont-Thabor. Il y en a d'autres.

Nous ferons mention spéciale ici de l'*Action Populaire* qui, en 1919, au milieu des ruines, a repris toute son activité. Le Tract de M. DE GANAY, *La France qui meurt* (1914), va reparaître, renouvelé. M. CROIZIER, dans un Tract de huit pages, plus copieux qu'un livre, *La France veut vivre*, met au point tout le sujet.

5° LES LIVRES

Il en a paru d'excellents depuis 1913, entre autres :

H. LAVEDAN, *La Famille française.*
G. ROSSIGNOL, *Un pays de célibataires et de fils uniques.*
R. P. GILLET, *L'Eglise et la Famille.*
Mgr GIBIER, *Les berceaux vides.*

On nous permettra de mettre ici particulièrement en vedette, au seuil de nos études sur la Famille, l'ouvrage récent de M. Paul BUREAU, *L'Indiscipline des mœurs* (1).

« Nous ne croyons pas, écrit l'abbé F. KLEIN dans *Le Correspondant*, 25 juin 1920, qu'on puisse parler d'un pareil sujet en termes moins nets si l'on veut faire un ouvrage qui compte. » (2)

a) *Le Bilan.* — Dans la première partie, l'auteur établit le bilan de l'indiscipline des mœurs : faits, doctrines, résultats. Il y a là des chiffres écrasants. Pour ne parler que

---

(1) Paul BUREAU, *L'Indiscipline des mœurs.* (Bloud, 1920).
(2) D'aucuns regrettent pourtant la surabondance des détails, et se demandent si les résultats à espérer de cet étalage de turpitudes compensent assez les risques de l'ignominieux tableau.

des avortements, ils dépassent le tiers des naissances : à Lyon, 10.000 par an contre 9.000 naissances...

L'auteur rappelle quels sont, à tous les degrés de la vie sociale, les *empoisonneurs publics* responsables de ce fléau. — En haut, les hommes de lettres. — Plus bas circulent les brochures et livres licencieux, les quotidiens grivois ; et le théâtre ajoute l'intérêt passionnant de l'action à ces vulgarisations du vice :

Au *théâtre*, on discutera, on reproduira, sous des formes plus ou moins raffinées, les péripéties les plus troubles de l'adultère et de l'union libre, du divorce et de la vie galante ; on révoquera en doute, si même on ne les combat, les principes élémentaires de la morale, on soutiendra sans vergogne les thèses les plus monstrueuses, on réservera l'admiration et la sympathie pour les personnages qui sauront le plus ordinairement vivre leur vie en sacrifiant le bonheur des autres. Et ce sera le théâtre de la bonne société.

Pour le peuple, on y mettra moins de formes ; la *grossièreté du langage* et le *scandale des situations* seront des garanties de succès ; et l'on atteindra « comme paroles et exhibitions les limites dernières du cynisme ». — Lois et ligues seront d'ailleurs bien souvent inopérantes, « parce qu'on trouve, la plupart du temps, pour s'opposer à l'œuvre de répression, des fonctionnaires publics, des maires, des magistrats, des hommes politiques, des littérateurs illustres... Ceux-ci invoquent les droits sacrés de l'art, ceux-là les besoins du commerce ; d'autres, en plus grand nombre, la liberté de la personne humaine ».

Plus bas, les écrits obscènes, qui poussent directement à la débauche.

Le 15 février 1912, le parquet de la Seine saisissait chez un seul libraire 6.000 kilogrammes de ces écrits obscènes, et vingt maisons au moins sont spécialisées dans la vente de pareils articles. Or ce n'est pas encore là le dernier degré de l'ignominie ; plus bas que tout le reste, et en plein dans la boue, se débitent des cartes et des photographies sur lesquelles on ne peut même arrêter la pensée. En France il existe douze maisons de commerce et de fabrication dont les dépôts se trouvent dans les principales villes.

Affreuse propagande pornographique qui, malheureusement, émane non pas des étrangers, mais des plus authentiques Français, et qui, par un malheur plus grand, trouve dans l'opinion une complice : *Si l'opinion elle-même était moins corrompue, elle se révolterait : si elle méritait le respect, elle saurait l'imposer...*

b) *Les Causes*. — Le mal étend ses ravages. Est-ce le célibat seul qui les multiplie ? Non.

Il y a lieu, en effet, de se demander si l'élévation du taux de la nuptialité n'est pas un leurre. Elle le serait si cette augmentation du nombre des mariages s'expliquait, en fait (et il en est ainsi, ce livre révélateur donne la preuve du fait), par les *licences de plus en plus larges* qui se sont introduites dans la société conjugale : infidélité qui n'est plus un déshonneur ; divorce facilité ; indissolubilité abolie par les mœurs ; clauses de liberté mutuelle introduites, au moins par consentement tacite, jusque dans la convention matrimoniale ; et, dès le début, mobiles de vanité, de cupidité, de luxure insolente, qui président au choix des fiancés.

Les mariages plus nombreux ne représenteraient profit et progrès que s'ils étaient en même temps plus stables et plus féconds : ils ne sont ni l'un ni l'autre.

De la loi du *divorce* on s'était promis quelque bien, un moindre mal. Or,

les textes se sont élargis et plus encore la jurisprudence, en sorte que pratiquement il suffit, pour rompre un mariage, du consentement mutuel ou même, si l'on sait s'y prendre, de la volonté d'un seul. Quant au nombre, il s'accroit dans des proportions presque invraisemblables, et avec une telle régularité que l'on se demande où il s'arrêtera.

Et l'effet du divorce est-il, du moins, celui que l'on attendait : une libération des conjoints, un remède aux unions mal assorties ? Non pas. On se marie à l'essai ; et quel résultat ?

On s'y engage plus légèrement si l'on n'y voit qu'une expérience à tenter ; et, d'autre part, les difficultés presque inévitables qu'on y rencontre un jour ou l'autre vont plus vite à l'extrême lorsqu'on aperçoit un moyen aisé d'en sortir ; elles aboutissent comme naturellement à la solution funeste et toute préparée d'avance. La certitude, au contraire, chez les deux époux qu'ils devront demeurer ensemble malgré tout et quoi qu'il arrive, leur donne le temps de réfléchir et de mettre au point les incidents qu'ils exagéraient, facilite l'accoutumance de leurs caractères. Aussi voit-on la loi du divorce, dans tous les pays qui en sont affligés et où l'on avait prétendu ne l'introduire que pour délivrer de leur joug les couples mal assortis, multiplier rapidement leur nombre et faire d'autant plus de victimes qu'elle se proposait d'en guérir davantage.

Quant à l'infécondité croissante des mariages, les statistiques ne sont que trop claires.

La cause, c'est la *restriction volontaire* des naissances par des procédés que la morale et la religion réprouvent. — On sait avec quelle « apostolique liberté de langage » Bossuet, dans son catéchisme de Meaux, introduisait cette question et cette réponse à l'usage de tous ses diocésains, même des enfants :

« Dites-moi le mal qu'il faut éviter dans l'usage du mariage ? — C'est de refuser injustement le devoir conjugal : c'est d'user du mariage pour satisfaire la sensualité : c'est d'éviter d'avoir des enfants, ce qui est un crime abominable. »

Ce crime, on prétend le justifier aujourd'hui par la théorie néo-malthusienne : une *propagande* aussi active qu'odieuse répand cette contagion, sous couleur de substituer la réflexion à l'instinct :

Des centres industriels sont, à certains moments, choisis comme terrains de manœuvre et d'exploitation ; citons entre autres Roubaix, Tourcoing, Fougères, le Creusot. On y opère en temps de grève ou au moins de surexcitation. Des réunions sont annoncées par affiches, par prospectus et appels distribués dans les rues ou à domicile. Une troupe de conférenciers, débarqués exprès, multiplient les discours dans les salles de réunions, les entretiens dans les cabarets, les causeries dans les groupes et sur les marchés. Ils restent là tout le temps nécessaire à l'établissement de leur œuvre et avant de partir ils s'entendent avec des dépositaires qui auront intérêt à la continuer... Les résultats ne se font pas attendre. A Tourcoing l'on enregistre 2.445 naissances en 1898 et 1.775 en 1906 ; à Roubaix, 3.837 en 1897, et 2.568 en 1908, malgré un léger accroissement de la population. Au Creusot, la diminution est de 34 % en dix ans ; à Fougères, de 37 % en sept ans.

c) *Les Remèdes.* — La dernière partie de l'ouvrage indique les remèdes :

1° D'abord *une transformation des lois et des institutions.* — Il faut que cesse « le scandale d'une législation qui aboutit en fin de compte à une partialité outrageante en faveur du vieux garçon jouisseur et du ménage astucieusement stérile ». Heureusement, on commence à tenir compte du nombre des enfants dans la réglementation de la vie publique ; les revendications se font jour, et ont chance d'aboutir.

Introduction du *suffrage familial* et revision des lois sur le travail, en particulier, l'organisation du *sursalaire familial* (allocations), déjà en voie d'exécution :

Le sursalaire familial, qu'on regardait comme une utopie, est appliqué déjà par nombre de compagnies et d'industriels ; dans certaines régions, celles de Rouen et de Grenoble en particulier, l'on a trouvé des formules heureuses qui évitent à la fois d'humilier l'ouvrier qui en profite et d'irriter celui qui n'en profite pas, sans du reste faire peser la charge nouvelle sur quelques patrons, à l'injuste avantage des autres.

2° Toutefois *les réformes morales* importent davantage, au point que les autres échoueraient sans elles :

Ni la médecine, ni la bactériologie, ni l'eugénétique, ni elle-même la législation ne nous peuvent sauver, sans un affermissement des volontés, une purification des cœurs, une *réforme intérieure et profonde des mœurs*. Il ne s'agit pas ici de capter l'égoïsme et de l'utiliser savamment pour le bien de tous ; il s'agit de revenir aux éternels principes de discipline, de dévouement, de maîtrise de soi, d'attachement au devoir, sur lesquels, depuis qu'il y a une humanité, reposent son vrai bien-être et son vrai progrès. Le besoin essentiel de notre société, si elle veut remonter la pente qui la mène aux abîmes, c'est de discerner et surtout de mettre en pratique ce que M. BUREAU appelle une morale sexuelle cohérente et dont il ramène à cinq les préceptes essentiels : devoir de chasteté pour les célibataires ; devoir de mariage pour ceux qui n'ont pas de bons motifs d'y renoncer ; devoir de fidélité, de loyauté et de continence pour les gens mariés (1).

Les *vérités libératrices* qu'il faut remettre en honneur, ce sont les *principes chrétiens* : le devoir de la chasteté en dehors du mariage ; l'ignominie de toute maternité indépendante du lien conjugal ; la honte des naissances illégitimes, et le préjudice moral qu'elle inflige à l'enfant ; par-dessus tout, et pour tous, l'obligation de poursuivre un idéal supérieur aux sens.

On devine que M. Paul BUREAU saura présenter sous son vrai jour « le célibat purificateur et libérateur de ceux qui, par dévouement à de grandes misères ou à de grandes causes, renoncent aux joies légitimes du foyer et affirment au besoin jusqu'à l'héroïsme l'idéale supériorité de l'âme sur les sens ». — Il n'en sera que plus à l'aise pour combattre le célibat égoïste, en rappelant qu'il existe, pour l'ensemble de l'humanité, un *devoir de mariage* :

---

(1) Il faut prendre garde, toutefois, en rappelant aux époux le devoir de la tempérance chrétienne (*continence conjugale*), de paraître ouvrir la porte aux *calculs* d'une prudence tout humaine, qui prétendrait commander l'abstention aux époux du seul fait des « ressources insuffisantes du ménage ». — La *Théologie Morale* complète ici la *Sociologie*. C'est au *Prêtre* qu'il appartient de préciser, avec l'autorité et avec la nuance voulue, ce point de morale.

Tout citoyen adulte est tenu de contribuer à l'entretien et au progrès de la vie collective ; la minorité s'en acquitte par le célibat de dévouement, l'immense majorité par la voie du mariage : à moins d'impossibilité vraie, il n'y a de place, en dehors de là, que pour l'égoïsme et pour la lâcheté.

La dernière partie de l'ouvrage montre que, pour l'observation des lois de la morale, seule voie de salut public, il est impossible de trouver d'autres moyens efficaces que le *retour aux principes religieux, aux principes chrétiens.* La foi se trouve ainsi pratiquement indispensable. — Par là, et par toutes ses conclusions implicites, cette forte étude de science sociale devient, indirectement, une véritable et solide thèse d'apologétique.

Dieu bénira tant de généreux efforts. Nous voyons s'affirmer sous nos yeux une mentalité plus saine, sur laquelle peuvent se reposer sans témérité les espérances françaises, sûres de n'être pas désavouées par la Providence.

On s'accorde en France aujourd'hui, c'est un fait, à reconnaître *l'urgence du devoir familial,* et l'on entend par là le respect du lien et du devoir conjugal. — On s'accorde, c'est un fait, sur *la nécessité* de s'associer pour faire apprécier partout la noble tâche de repopulation. De cet état d'esprit, la preuve la plus significative n'est-elle pas le succès des Journées des Mères, célébrées avec tant d'élan pendant la guerre, et depuis ? — On s'accorde enfin, c'est un fait, à reconnaître *la prépondérance du remède moral ;* on demande à la conscience d'aider la loi, et de plus on se tourne vers la religion pour la supplier de consolider les appuis de la conscience.

On sait qu'une *Médaille de la Famille Française* a été créée par Décret du 26 mai 1920, pour les *Mères de famille françaises qui ont dignement élevé de nombreux enfants.* Le Rapport de M. J.-L. BRETON au Président de la République s'ouvre par ces mots :

« Le relèvement de la natalité, qui s'impose à notre pays pour ne pas déchoir du rang où sa victoire l'a placé, et pour lui permettre d'en récolter tous les fruits, est avant tout une question morale.

« Nous ne devons rien négliger de ce qui peut encourager les mères françaises à faire à la maternité la part qu'elle doit avoir dans l'idéal de ceux qui fondent un foyer. Que la mère de famille soit honorée comme elle doit l'être, qu'elle se sente entourée du pieux respect et de la déférente sollicitude de ses concitoyens, au lieu de se heurter à l'indifférence, pour ne pas dire à la malignité publique ; que l'importance et la grandeur de son rôle social apparaissent aux yeux de tous, et la mère de famille, bien loin de les regarder comme insupportables et de les rejeter comme s'ils contrariaient sa destinée, acceptera noblement, avec une légitime fierté, comme faisant partie de son patrimoine d'épouse, les épreuves, les souffrances, les dangers même, qui sont inséparables de l'enfantement. »

De son côté, à Nancy, M. Deschanel déclarait, dans un très beau langage, l'insuffisance des réformes qu'il venait de souligner :

Mais ces réformes économiques et législatives ne sont qu'une partie de votre programme. L'action des lois serait inefficace si elle n'était secondée par les mœurs. C'est d'une œuvre morale qu'il s'agit, c'est l'hygiène des esprits qu'il faut améliorer ; c'est la stérilité des âmes qu'il faut atteindre ; c'est un mal d'opinion, c'est une crise de volonté qu'il faut guérir. Il ne dépend pas d'un corps de femme d'être, ou non, stérile. Il ne dépend pas d'un corps d'homme d'être, ou non, impuissant ; mais il dépend des âmes de n'être ni impuissantes ni stériles.

A cette *hygiène des esprits*, à ce *traitement des âmes*, contribuera, s'il plaît à Dieu, le petit livre que nous offrons de nouveau au public.

E. R.

Paris, 15 août 1920.

CHAPITRE PREMIER

LA FAMILLE

SOMMAIRE :

1. LE PRINCIPE.

2. TROIS QUESTIONS :
   Le but.
   Les qualités.
   L'influence féminine.

3. LA PRATIQUE :
   La chrétienne chez elle.
   La chrétienne autour d'elle.

CONCLUSION. — La Famille parfaite.

Il est rare qu'un auteur s'abstienne de souligner, pour commencer, l'importance du sujet qu'il traite. Mais la précaution, quand il s'agit de la Famille, est vraiment superflue. S'il y a chez nous, à l'heure qu'il est, des inquiétudes, on peut dire qu'elles sont relatives à ce grand objet.

La Famille est aujourd'hui proposée plus que jamais à l'attention, à l'étude, aux préoccupations de tout Français.

Je rappellerai d'abord *le Principe* qui domine tout le sujet. Je poserai *Trois Questions*, pour développer le principe et le mettre en relief. J'indiquerai surtout ce que peut faire, pour la Famille, la Dame Française, la Femme Chrétienne.

1. LE PRINCIPE

Dieu n'a pas créé l'homme à l'état isolé et fragmentaire, mais à l'état de groupement ; et la première société où Il le veut engagé et placé, c'est la Famille. Tel est le principe, simple et fécond, d'où il faut partir.

Par les conditions mêmes de sa naissance, par la nature, — disons mieux, par la volonté de Celui qui en a posé les lois, l'homme se trouve mis dès le premier jour dans la nécessité de dépendre, de recevoir, de ne s'appartenir qu'après avoir été longtemps, corps et âme, entre les mains de ses tuteurs, pourvus d'instincts vivaces et de nobles facultés pour s'acquitter de cet office. Le développement régulier de la nature humaine ne se conçoit pas autrement.

On ne saurait trop remettre en honneur cette vérité de droit naturel, que la Famille est la vraie cellule humaine.

Par tous ses besoins, par toutes ses aspirations, par toutes ses tendances, l'homme réclame la famille ; là seulement il trouve à vivre et il grandit. L'état social de la famille est la condition même de son existence, de sa sécurité, de son progrès ; la famille n'a donc rien d'artificiel ou d'arbitraire. Et il faut le redire, puisqu'on ose aujourd'hui encore glorifier l'utopiste néfaste qui l'a nié. A propos de J.-J. Rousseau, M. Maurice Barrès s'élevait avec force (11 juin 1912) contre l'homme qui n'a tenu aucun compte de la vie des morts, et qui traite les vivants comme s'ils existaient à l'état abstrait ou théorique ; il avait raison.

Dans la même séance, un autre orateur signalait de son côté le vice de cette désolante doctrine ; il lui reprochait de faire une synthèse purement théorique de l'individu, en l'isolant du milieu dans lequel il se trouve et sans lequel il ne saurait vivre à l'état humain : doctrine d'autant plus dangereuse que, après avoir nettement séparé de la famille cet être égoïste et solitaire, Rousseau lui donne tous les droits, alors que l'être humain ne tient les siens que de la famille et de la race (1).

La société primordiale, en effet, physiquement et moralement nécessaire, c'est la Famille. Il ne nous est donc pas plus loisible d'en fixer la constitution et les lois comme nous l'entendons que de modifier à notre gré la structure de l'être humain ou le jeu de ses facultés. Nos entreprises, ici, nos projets, nos combinaisons et nos œuvres doivent respecter ce qui est.

Ce qui est... Or il est un ensemble de données positives, éléments et conditions, sans lesquels la famille n'est pas possible, ou demeure impuissante à remplir son rôle. Ces éléments, ces conditions, il nous appartient de les enregistrer ; mais non pas de les déterminer librement. Un décret, une loi, un système, l'opinion particulière d'un philosophe, ou la volonté générale d'un groupe de législateurs ne sauraient l'emporter sur les nécessités inhérentes, constitutives, de la nature humaine.

On peut essayer de s'y soustraire, les trouvant lourdes à porter : autant de nécessités, autant de charges. C'est le triste privilège de la liberté, ici-bas, de pouvoir se soustraire au devoir ; mais elle n'en est pas plus libre ; au contraire, en supprimant la règle qui est sa raison d'être et sa lumière, en négligeant d'en tenir compte, elle se dérègle, elle se diminue, elle se blesse, elle se tue.

____

(1) Voir le texte de ces discours dans les *Questions Actuelles*, 23 juin 1912.

Et l'expérience donne tort à ces révoltes, en apparence libératrices, dont la liberté devient le prétexte. L'homme est toujours la première victime de ce qu'il entreprend contre l'ordre des choses.

Il n'existe pas de plus pernicieux adversaires de la Famille que ceux qui travaillent à la constituer en dehors des conditions qui lui sont faites.

Et ces conditions, qui les détermine ?

La *loi naturelle* d'une part ; puis la *révélation* positive qui s'y ajoute, par Jésus-Christ Fils de Dieu, et par l'Eglise qui continue la mission de Jésus-Christ.

Ni l'une ni l'autre de ces deux chartes constitutives ne saurait être dédaignée ou négligée impunément.

Des écrivains de nos jours se sont appliqués à la tâche nécessaire, — dignes en cela de tout éloge — de rappeler ces devoirs trop méconnus.

On sait avec quelle vigueur et avec quel art M. Paul BOURGET a mis en scène dans *Le Tribun*, chronique de 1911, l'individu qui prétend se désintéresser des solidarités de la famille, et vouloir que l'homme dépende de lui seul. Combien il dépend, bon gré mal gré, l'événement le lui montre assez. Il se heurte à la famille. Devant la faute de son fils, cet homme d'Etat est obligé de reconnaître l'interdépendance que son idéologie dédaignait.

M. Henry BORDEAUX (1) n'a été ni moins pressant ni moins exact dans ses romans. Le R. P. FERGHAT a

(1) M. H. BORDEAUX est désormais de l'Acad. Franç. (mai 1920). De nombreuses études ont rendu hommage au romancier de la famille et au chantre de notre épopée guerrière. Indiquons Dr HENRY CARRIÈRE, *Une doctrine de vie*, extraits de l'œuvre de M. H. BORDEAUX (Beauchesne) et *Deux-Mondes*, 15 mai 1920, la carrière du récipiendaire.

signalé ce bienfait de l'œuvre du romancier dans *Le Roman de la Famille française*.

Dans cet ouvrage, le R. P. FERCHAT analyse *La peur de vivre*, « un bréviaire héroïque à l'usage de la jeunesse ». Il signale les maux dont la famille est atteinte :

« Relâchement croissant du lien conjugal. Persuasion grandissante chez ceux qui entrent dans la vie que le premier but du mariage est le plaisir, et qu'en conséquence l'existence humaine à cet égard peut très légitimement être vécue comme une suite indéfinie d'unions et de ruptures à la recherche du mieux. Peur des maternités nombreuses. Affaiblissement ou même suppression complète du lien que constituait autrefois le domaine patrimonial indéfiniment transmis. Individualisme égoïste des parents, et des enfants entre eux. Sous son influence, disparition du sentiment qui faisait les familles fortes et prospères, en groupant les générations successives dans une indéfectible perpétuité de dévouements. Tendance de plus en plus grande, sous prétexte de satisfaire aux exigences de la vie mondaine, à vivre hors du foyer, à avoir souci de tout et de tous sauf des siens et de son intérieur. Emigration vers les grands centres, etc., etc... Dans cette énumération, ceux qui ont lu les principaux romans de M. Henry BORDEAUX reconnaîtront, sans peine, comme une table des tendances et des idées contre lesquelles sa plume ne désarme pas. C'est en les combattant qu'il travaille à la restauration de la famille... » (p. 143).

M. Henry BORDEAUX insiste sur la solidarité familiale dans *Le pays natal*, dans *La robe de laine*, dans *La croisée des chemins*. Solidarité familiale qui n'est du reste ni un individualisme agrandi ni un égoïsme collectif, mais l'exercice d'un dévouement très pur (p. 169).

Il dénonce la peur de l'enfant dans *Les yeux qui s'ouvrent*, dans *L'amour en fuite*.

Il rappelle, en faveur du mariage indissoluble, les raisons tirées des exigences de la famille ; c'est *l'enfant* qui condamne le divorce. « L'enfant, dit fort bien M. FERCHAT, a besoin de sentir sa faiblesse encadrée de deux forces, appuyée sur deux amours, l'amour et la force du père, la force et l'amour de la mère. A l'épanouissement normal de sa nature, une seule de ces deux forces, un seul de ces deux amours ne saurait suffire. Pour la formation physique et morale, pour le bonheur de l'enfant, le père sans la mère est insuffisant, la mère sans le père est insuffisante. L'enfant a besoin de leurs deux amours, de leurs deux présences. La joie qu'il faut au cœur de l'enfant, les leçons dont son âme a besoin, il faut qu'il les reçoive de la collaboration de ces deux amours. Sa sensibilité doit s'épanouir à l'ombre et sous la conspiration suave et continue de ces deux présences... » (p. 222).

Il peint à merveille les épouses et les mères dignes de ce nom, dans *La croisée des chemins*, dans *Les yeux qui s'ouvrent*, dans *La peur de vivre* ; surtout *Raymonde*, la femme délicate et pure que meurtrit, que tue le mari mondain, la sainte héroïne de *La robe de laine*.

Dans *La Maison* (1913), évocation des souvenirs d'enfance par l'enfant, c'est la maison qui sauve, qui ramène, qui empêche d'oublier tout à fait, qui corrige à temps le goût de l'aventure, qui guérit l'âme après la faute. On revient à la maison. La maison agit par le seul prestige de son nom, elle agit par la séduction de sa bonté, elle agit par la puissance de sa majesté, elle agit par la contagion autoritaire de sa discipline ; ainsi l'analysent les *Etudes* (20 mai 1913). François Rambert, l'enfant qui en a subi le charme, y revient sur le tard, pour recevoir de son père mourant la tradition, pour garder, à son tour, la maison qui l'a gardé.

M. FONSEGRIVE, dans le *Correspondant* (25 avril 1913), *Solidarité familiale*), insiste de son côté sur la solidarité du nom, qui n'est pas moins bienfaisante, et qui fait partie des influences salutaires de la maison.

M. René BAZIN, avec plus d'assurance et un accent plus chrétien, a tenté le même effort dans *La Barrière* ; et plus récemment dans une brochure, *Les hommes de demain*, qui trace un programme d'éducation par la famille (1).

---

(1) Tous les académiciens n'écrivent pas dans ce ton... M. Emile FAGUET, de l'Académie Française, a promulgué, dans la série des *Dix Commandements* émanés de lui, un petit code des devoirs *De la famille* (Paris, Sansot). Montaigne y est souvent cité ; Nietzsche, Rousseau, M. de Porto-Riche, et combien d'autres, y sont pris au sérieux ; Aristote, Platon, Zarathoustra, Athènes, Rome, les Gaulois, y sont nommés ; *Dieu, l'Eglise n'y figurent pas* ; vous chercherez en vain ces deux noms. On y

Notre mission chrétienne est d'inculquer ce devoir, au nom des principes de la foi, les seuls d'ailleurs qui coupent court aux objections. Il importe surtout de se convaincre du principe : que pour édifier, il faut avoir Dieu avec soi ; que bâtir sans Lui, c'est détruire ; que tout ce que l'on entreprend contre sa volonté, ses lois, son œuvre, contre la nature et contre la religion, on l'entreprend contre l'ordre : on travaille au désordre ; loin de construire, on renverse. La Maison n'est plus debout ; la Famille est en ruines.

Nous ne pouvons omettre ici deux œuvres dramatiques considérables, celle de M. Paul HERVIEU et celle de M. François DE CUREL.

En termes choisis, M. Fr. DE CUREL a caractérisé l'œuvre de Paul HERVIEU, quand il a pris possession de son fauteuil à l'Académie.

C'est à l'institution matrimoniale elle-même que s'en prend Paul HERVIEU. Le P. Jos. FERCHAT étudie ses thèses principales dans les *Etudes* (avril-juillet 1919), sous ce titre d'ensemble : *Le monde et la vie d'après un pessimiste contemporain*. Tour à tour il considère : 1° le mariage et l'incompatibilité d'humeur ; 2° le mariage et les injustices du Code à l'égard de la femme ; 3° l'indissolubilité du mariage et l'argument de la pitié ; 4° la *Course du flambeau*, ou la perversion de l'amour maternel (5 juin 1919).

---

apprendra l'art d'être époux et l'âge où il convient de le devenir; on y trouvera des pages paradoxales sur les ennemis de la famille, savoir la civilisation, la littérature, le féminisme, et l'idéal, la trop haute idée qu'on se fait du mariage ; et tout cela, vérités mêlées d'erreurs, observations piquantes et sophismes audacieux, est écrit avec désinvolture. Je ne pense pas qu'un lecteur, après avoir feuilleté ces cent pages, puisse se douter que le Mariage soit, de sa nature, indissoluble, encore moins qu'il soit *vénérable* et *sacré*.

« Une même préoccupation commande l'ensemble et le détail (de cette œuvre), la préoccupation de mettre en relief, le plus souvent au désavantage de la loi, les conditions qu'elle fait aux plus légitimes aspirations du cœur. Sa conclusion, c'est que, tel qu'il est constitué, le mariage est pour la femme une servitude injustifiable ; c'est que, même après que le divorce y a été introduit, le Code frustre encore trop souvent la femme de ses droits au bonheur, et que, en conséquence, la loi ne sera suffisamment adaptée aux besoins de la sensibilité contemporaine et en harmonie avec les principes fondamentaux de notre civilisation que lorsqu'elle autorisera le divorce par consentement d'un seul (1) ».

2. Trois Questions

A) Quel est, ce principe étant posé, *le but de la famille ?*

C'est demander ce que la nature et la religion, de concert, réclament de la Famille ? Quelle est son œuvre providentielle ?

De la réponse à cette question dépendront les résolutions à prendre, et le devoir des missionnaires de la Famille.

Pourquoi la Famille ? La réponse est facile.

Pour que l'enfant existe.

Pour que l'enfant reçoive la formation vraiment et spécifiquement humaine dont il est susceptible, et dont la famille lui est redevable.

Pour que l'enfant obtienne, par la famille, l'avantage — on devrait dire l'héritage — le plus nécessaire à sa vie : une tradition.

---

(1) Sur M. François DE CUREL, voir *Les Hommes et les Idées dans le Théâtre de M. François de Curel* (*Etudes*, décembre 1918 et janvier 1919), et, sept. 1919, une étude sur sa *Comédie du génie*. Francisque D'ARMADE, dans *Le Théâtre français, des origines à nos jours*, donne de larges extraits de *L'envers d'une sainte* (1892). *Les Fossiles* (1892), *La Nouvelle Idole* (1899), *Le Coup d'aile* (1906). Delagrave.

Tout est *pour l'enfant* dans le dessein de la nature et dans la volonté de Dieu ; parce que tout, dans la nature et dans la religion, est organisé en vue de ce double bien, qui dépasse de beaucoup l'importance des seuls individus : l'avenir ; l'avenir temporel, et l'avenir éternel ; l'avenir d'une race, et l'avenir d'une religion ; la transmission régulière et le développement normal d'une double vie qu'il s'agit de conduire à son achèvement, la vie de l'homme et la vie du chrétien : donner à la société des hommes, à l'Eglise des saints ; fournir de citoyens la patrie de la terre, fournir d'élus la patrie du ciel.

Il n'est pas permis de limiter l'action de la famille aux deux premières contributions dont nous venons de parler, existence et éducation. Il est indispensable que la famille, après avoir donné le jour à l'enfant, lui procure l'éducation, sans laquelle l'existence est incomplète, n'a pas de sens, n'est pas comprise, et risque même de devenir un malheur plutôt qu'un avantage. Mais il faut, en outre, que cette vie, ainsi doublement formée pour le corps et pour l'âme, puisse demeurer dans ses voies, soit mise en mesure d'aboutir à son terme, comme il faut, au voyageur que l'on héberge, autre chose que le viatique du voyage ; le service le plus urgent à lui rendre étant de le tenir le plus possible dans sa route, et de lui fournir jusqu'au bout ces renseignements que seuls les habitants de la région peuvent donner.

C'est à ces trois devoirs que s'appliquera la Famille. Elle est inférieure à sa tâche lorsque l'un ou l'autre de ces trois offices est compromis, ou rendu impossible, par la manière dont la famille est organisée :

L'existence d'abord ; et ce devoir va loin. Il n'appartient à personne de permettre ou de faire que la famille n'ait pas pour première charge la fécondité.

Puis l'*éducation*, et l'éducation complète, c'est-à-dire toute cette formation sans laquelle l'enfant ne sera jamais cultivé comme homme. Si la famille ne se charge pas de cette formation, elle ne se fera pas, ou elle se fera d'une manière incomplète, tardive, fausse. Ceux qui ont le devoir d'y travailler comme mandataires de l'Eglise viendront trop tard, après une œuvre déjà faite, pleine de lacunes impossibles à combler.

Veut-on un exemple de ces lacunes ? M. le comte d'HAUSSONVILLE, dans *Femmes d'autrefois, hommes d'aujourd'hui* (1912), raconte l'histoire d'une de ces victimes, Mme ACKERMAN, qui eut dans les lettres une heure de célébrité.

Mariée tard à un Alsacien qui avait cessé de croire, restée veuve après trois ans de bonheur, elle se livra, en solitaire raidie contre sa fortune, au goût qu'elle avait depuis longtemps pour la spéculation philosophique en vers. Elle dut à la plume élégante de M. CARO de n'être pas restée inconnue ; ses *Poèmes philosophiques* eurent un moment de vogue en 1874. L'ouvrage de M. D'HAUS-SONVILLE en ressuscite le souvenir, mais non pas l'intérêt. Les ravages de l'incrédulité dans une âme de femme méritent-ils que l'on s'attarde ?... Mais il est bon de savoir d'où a pu venir à cette femme le goût de son blasphème panthéiste, pourquoi elle a insulté ouvertement, et avec une rage exaltée, Dieu et le Christ. Tout le mystère est dans ces lignes :

« Son père s'était retiré de bonne heure des affaires (non loin de Montdidier). Bourgeois libre penseur, se piquant de belles-lettres et de philosophie, il prit plus de soins de l'éducation littéraire que de l'éducation morale de sa fille. Il la nourrissait de MOLIÈRE, de RACINE, de LA FONTAINE, et lui causait une grande joie en lui faisant cadeau d'un CORNEILLE complet pour ses étrennes. Mais il ne lui donnait, ni ne lui laissait donner par sa femme, aucune instruction religieuse. Il s'en était bien passé, ce fier agréé au tribunal de commerce, qui ne jurait que par VOLTAIRE... Le résultat de cette éducation, assez décousue, fut de faire de la jeune Victoire une enfant retardée et précoce, d'humeur triste et inégale. Sauvage et taciturne, elle avait horreur des divertissements de son âge et ne se plaisait que seule au jardin, dans la société des moucherons, des fourmis, et surtout des cloportes. Elle se sentait autant de tendresse pour cette petite bête laide et craintive que d'éloignement pour les enfants de son âge... »

Et voilà bien, prise sur le vif, la déviation précoce d'une nature à qui la religion a manqué. On insiste pourtant, on obtient de la mettre à Montdidier pour sa première communion :

« Ce fut là que la jeune fille reçut les premiers enseignements de la foi ; elle les adopta avec ardeur, sans que l'ombre d'un doute sur les vérités qu'on lui enseignait traversât son esprit. Elle devint par sa ferveur un objet d'édification pour ses petites compagnes et fit sa première communion avec exaltation. Si on l'eût laissée suivre sa pente d'alors, elle allait droit au couvent. Mais ce n'était pas ainsi que l'entendait l'ancien agréé. Pour réparer les *ravages* que la foi avait exercés sur l'âme de sa fille, il lui glissa dans les mains un VOLTAIRE et lui laissa en   ôtre toute liberté de lire les ouvrages philosophiques de la fin du siècle dernier. Il en résulta dans cette jeune tête une confusion d'idées extraordinaire, entretenue par une avidité maladive de lectures et surexcitée par des velléités de composition poétique » (p. 285).

Voltaire l'emporta. Celle qui aurait pu être une fervente religieuse devint et demeura une implacable impie.

Le témoignage d'Emile CLERMONT (1880, élève au lycée Saint-Étienne, à l'Ecole normale en 1902, auteur de plusieurs romans, *Laure* surtout, collaborateur de la *Revue des Deux-Mondes* et de la *Revue de Paris*, tué sur le front de Champagne le 5 mars 1916) serait sans doute plus opportun ici (1). Le converti regrette de n'avoir

____

(1) Voir l'article que lui a consacré le P. Jos. HUBY, dans les *Etudes* du 5 juin 1919.

pas été de bonne heure imprégné de cette foi qu'il a retrouvée avant de mourir :

« Trop sceptique, trop habitué au doute, à la méfiance, moi dont l'esprit fut formé sans maître, sans que personne autour de moi eût une perception vivante de l'infini auquel j'aurais cru, j'aurais cru de toute mon âme. Mais seul, méfiant à l'égard de moi-même, à l'égard de tout ce qui ressemblait à un trouble de l'infini ; précis, sceptique, analysant, n'ayant point commencé par la foi, tant s'en faut, mais par la faiblesse, la petitesse, la pauvreté. Tare indélébile. A jamais diminué, sans héritage, non point comme un fils de prince qui commence par une noble et large idée du monde. Mais des débuts chétifs dans le doute et presque la trahison, des débuts mesquins à travers tous les dégoûts. Le doute que j'ai connu avec ses extrêmes, se rongeait misérablement lui-même. Point de splendeur, le sentiment de la grandeur plutôt pour fuir le monde que pour reconquérir des magnificences perdues. Ainsi pour toujours de l'espèce des petites gens dans les jardins mystiques, de ceux qui n'ont jamais cru. »

Mais ce sont les premières pages du *Disciple*, de Paul Bourget, qu'il faut lire (1) pour savoir quelle lacune religieuse se produit dans l'âme du fils quand le père ne pratique pas.

L'action de la famille n'est pas moins indispensable pour assurer à l'enfant le bienfait d'une *tradition*. Est-il ici besoin de preuve ? Chacun convient que ce qu'il y a de meilleur dans la famille, ce qui lui donne son cachet, c'est un « esprit » particulier, qui se définit mal, qui existe pourtant, intime, délicat, réservé. Quoi donc, au juste ? Des secrets, qu'on ne révèle qu'à huis clos ; des souvenirs, qui ont leur pudeur, leur mystère, et que l'on garde jalousement ; des titres d'honneur (d'autres aussi, parfois, moins avouables) que ceux de la famille

---

(1) Nous ne conseillons pas pour cela ce roman, si considérable qu'il soit dans l'histoire du roman français, nous signalons seulement la portée de la thèse qu'il contient.

connaissent : une vie, un passé, des épreuves, des joies, qui forment le bien commun et le trésor de famille. C'est l'*esprit de famille* ; ce qui en empêche l'éparpillement, ce qui ramène invinciblement à la maison, plus tard, l'enfant qui s'en est allé dans un jour d'oubli ou de folie. C'est ce qui donne à chaque famille son unité, sa cohésion, sa force ; à la race sa vitalité, sa permanence ; car, répétons-le, une race ne se fait pas avec des unités superposées, mais avec des familles ; plus exactement, avec des familles capables de comprendre le bienfait d'une tradition et de la garder. La tradition d'un peuple, sa principale richesse, se conserve par les traditions des foyers dont elle est faite.

A vrai dire, la famille n'existe pas quand elle ne possède ni tradition ni esprit propre. Ceux qui ne connaissent pas ce bienfait ne seront jamais que des déracinés. C'est par la famille que l'on prend racine. L'individu ne tient à une époque, à un pays, à une race, que dans la mesure où il est tenu. Ce qu'il recevra de plus précieux pour s'avancer dans la vie, comme citoyen de la terre, et comme citoyen du ciel, c'est donc une tradition, à la fois nationale et religieuse. La famille seule peut le munir de ce secours.

Et l'on comprend par là que le rôle de la famille ne saurait se terminer à une date fixe ; que sa mission continue, bien après que l'éducation est terminée et l'enfant établi ; qu'à vrai dire cette éducation ne se termine jamais, parce qu'elle a pour complément cette continuité des principes et des influences que nous appelons une tradition ; que l'homme, enfin, doit toujours se retremper dans ses origines, et que même après les inévitables séparations amenées par la nécessité de vivre ou par l'obligation de mourir, il faut toujours que la famille tienne l'homme pour que l'homme continue la famille

En résumé, la famille doit donner au monde des enfants, des enfants élevés, des enfants orientés.

b) Mais *que faut-il pour que la famille soit capable de ce triple devoir ?*

Il y faut une somme de qualités qui, découlant de sa définition et de son but, permettront de reconnaître la famille modèle.

Pour faire honneur à sa mission, la famille sera : *homogène, stable, fermée, chrétienne*. Quatre mots à expliquer.

La famille doit être *homogène*, c'est-à-dire formée par un intime accord de ses éléments, fondé sur la ressemblance des âmes. Les âmes doivent être unies, dans la famille, vivre d'une même vie, penser de même, vibrer de même, agir de même, aimer de même. Sinon, quel sera le sort de l'enfant, et comment se fera l'unité de sa formation ? Il serait divisé avant que de naître : il porterait en lui deux âmes qui se feraient la guerre.

La famille doit être *stable*. Il est nécessaire que la famille puisse résister à toutes les vicissitudes, comme à tous les assauts, car elle doit faire œuvre durable. Qu'il y ait donc en elle, et pour toujours, et jusque dans le contrat qui l'établit, un principe de permanence morale, qui ne dépende jamais de l'humeur des époux ni des circonstances changeantes ; que sa durée ne puisse jamais faire question. Pour faire une éducation, pour préparer une tradition, il faut un lendemain, des garanties, un avenir, que rien ne puisse compromettre. La famille, institution vitale d'où doit sortir le bien de l'humanité et le bien de l'Eglise, sera donc placée au-dessus de toutes les contingences ; elle prendra son point d'attache parmi les choses qui durent, fixes, immuables, éternelles.

La famille sera *fermée*. On devine pourquoi. Où serait, dans un foyer trop élargi, ouvert à tout venant, l'unité, et la stabilité ? Un foyer ne sera donc ni constitué, ni affermi si, au moment de l'établir, ou dans les années qui précèdent, les familles se fréquentent sans discernement ni prudence, sous la seule impulsion des sympathies, ou pour obéir à des conventions mondaines. Pendant que l'on songe à se faire des relations, des alliances se nouent, qui ne se seraient jamais préparées si l'on plaçait entre les familles, quand il le faut, d'infranchissables barrières. L'honneur en est une, car on ne veut pas se mésallier. La situation, l'âge, l'humeur en sont d'autres, car on se gardera de rapprocher des extrêmes incompatibles. Pourquoi la religion, le plus précieux des biens, ne serait-elle pas la principale des barrières ?

On sait combien l'Eglise déteste les mariages mixtes (1) dans lesquels la diversité des croyances compromet d'avance, à peu près fatalement, la foi du conjoint fidèle et l'avenir religieux des enfants. Mais quoi de plus mixte que deux âmes séparées, effectivement, par la question religieuse ? Deux baptisés, dont l'un croit, dont l'autre ne croit plus, sont-ils beaucoup moins éloignés

---

(1) Léon XIII, dans l'Encyclique *Arcanum* sur le *mariage*, donne la raison de cette défiance de l'Eglise : 1° lorsque les âmes sont séparées sur le terrain religieux, on peut difficilement espérer qu'elles puissent s'accorder sur le reste ; 2° ces unions fournissent aux époux l'occasion de se trouver dans une société et de participer à des pratiques religieuses défendues, et deviennent ainsi une cause de danger pour la religion de celui des deux époux qui est catholique; 3° ces mariages sont un obstacle à la bonne éducation des enfants; 4° souvent ils amènent les esprits à considérer toutes les religions comme égales, sans faire aucune différence entre la religion et l'erreur.

l'un de l'autre qu'un protestant ne l'est d'une catholique, à ne considérer que la famille qu'ils vont fonder ?

Pour que la famille donne une éducation et une tradition, il faut qu'elle ne soit entamée d'avance par aucun apport étranger, et que l'on mette autant de courage à se défendre des unions « mixtes » qu'à fuir les unions mal assorties ou le déclassement.

L'empêchement de *religion mixte* est *prohibitif* (partie catholique avec partie non catholique, mais baptisée). L'Eglise veut écarter le péril de perversion pour le conjoint catholique et pour les enfants à naître. Si ce péril existait, ce mariage serait interdit par la loi divine elle-même, et l'Eglise ne pourrait l'autoriser. L'Eglise n'accorde dispense de religion mixte (canon 1061) que : 1° en cas d'urgence ; 2° moyennant garantie suffisante pour écarter le péril de perversion, et engagement pris (par écrit) par *les deux* époux de faire baptiser et élever dans la religion catholique tous leurs enfants ; 3° quand il est moralement certain que ces promesses seront tenues.

La *disparité de culte* (quand l'un des conjoints est non catholique et non baptisé) est un empêchement non seulement prohibitif, mais *dirimant*. Mêmes conditions à remplir que dans le cas de religion mixte (can. 1071).

Sur cette législation catholique du mariage, voir A. Michel, prof. à la Fac. de Théologie de Lille, *Le Mariage chrétien, Memento canonique et liturgique* (Lethielleux), opuscule clair et court ; — Jos. Hoppenot, S. J., *Petit catéchisme du mariage*, nouv. édition (rue Bayard, 5), p. 253 : Les empêchements. — P. Henry Perroy, S. J., *Cana de Galilée*, brochure (Vitte) ; — L. Choupin, S. J., *Les Fiançailles et le Mariage* (Beauchesne). Du même auteur il sera bon de relire, dans *Valeur des décisions doctrin. et disciplinaires du Saint-Siège* (Beauchesne), p. 355 à 399, les erreurs modernes sur le contrat et sur les empêchements de mariage, condamnées par le *Syllabus* ; — Pierre Fournseret, vice-official du diocèse de Paris, *Le mariage chrétien. Principes. Guide pratique. Formulaire* (Beauchesne) ; — Ant.-M. Arregui, S. J., *Summarium Theol. Moralis* (Bilbao, 1919), p. 470, *De impedimentis Matr.* ; — enfin *L'Ami du clergé*, Les nouveautés du Codex (juillet 1919 et suivants).

Signalons aussi la brochure de Mgr A. Poss, *Pour la Famille, Contre le divorce* (A. Roblot, rue Caumartin, 67, Paris), pleine

de vues intéressantes, entre autres, p. 16, *Pas de mariages mixtes,*
  Plus près de nous, P. DUBIEUX, *Le mariage en droit canonique,
Renseignements pratiques et formulaire* (Gabalda, 1920).

Chrétienne enfin, et pour tout dire d'un mot ; la
famille doit être chrétienne pour suffire à sa tâche.

Chrétienne, parce que, au moment du choix d'un
avenir, la foi seule pourra affermir une jeune personne
contre ses propres tendresses, et l'amènera à dire non,
par respect pour Dieu, quand si volontiers son cœur
dirait oui. Les autres barrières sont mobiles, et fragiles ;
les intérêts se concilient, les opinions changent, ou
s'accordent ; on transige, on compose, on cède. La foi
seule résiste.

Chrétienne, parce que, en dehors du Sacrement, il
n'existe pas de raison sans réplique (si excellente qu'on
la suppose) contre le divorce en certains cas (1).

Chrétienne, parce que seul le principe surnaturel
agissant, la Grâce, pourvoira à la sécurité comme à
l'existence de l'enfant, en persuadant aux époux les
formes supérieures de l'abnégation et de la confiance
en Dieu, dans le mariage volontairement fécond.

---

(1) L'indissolubilité du mariage est de droit naturel (au moins
secondaire); mais le droit positif chrétien (par le *Sacrement*)
donne seul à cette indissolubilité toute sa rigueur.
  Voir les propositions 65 à 74 du *Syllabus*, qui traitent de cet
objet (la proposition 71, sur le décret *Tametsi* du Concile de
Trente, sess. XXIV, ch. I, doit être complétée, le décret de
Trente ayant été modifié par les prescriptions du décret *Ne
temere*, 1907). Ces propositions sont expliquées par le P. CHOUPIN,
Valeur des décisions doctrinales et disciplinaires du Saint-Siège.
(Beauchesne, 1913), p. 372 à 379. On lira, en particulier, en ce
qui regarde l'indissolubilité du mariage, p. 379 à 385.
  L'Encyclique de LÉON XIII, *Arcanum*, 10 fév. 1881, a exposé
ex professo toute la doctrine du mariage. Le Pape rappelle l'institution divine du mariage ; l'inséparabilité du Sacrement d'avec
le contrat pour le chrétien ; l'insuffisance du mariage civil, qui
ne saurait prétendre à régler la validité du contrat ; enfin
l'énormité du divorce. PIE X confirme ces leçons par sa *Lettre
aux Évêques de Bolivie,* 21 nov. 1906.

Chrétienne, parce que la religion fournit seule aux parents, dans l'œuvre patiente et laborieuse de l'éducation, le courage nécessaire, et la constance.

Chrétienne, enfin, parce que plus une doctrine, plus une école s'éloignent des principes de la religion chrétienne, plus cette doctrine et cette école attaquent le foyer. On peut voir, par l'ouvrage de l'abbé Sicard, *Le Clergé de France sous la Révolution* (1), tout ce que la Révolution, par son esprit et par ses décrets, a entrepris contre la famille.

Chrétienne, mais on entend bien : il s'agit de la véritable vie chrétienne, sincère, pratique ; pratiquée par tous les membres de la famille, de concert, et sans cesse rappelée comme un devoir par les parents. Cette véritable vie chrétienne peut seule donner à la famille sa cohésion et sa durée.

c) *Mais à qui incombent ici les responsabilités ?*

L'on est tenté de répondre, avec assurance, qu'elles sont à la charge de l'homme. Plus d'une dame peut-être sera heureuse de triompher aux dépens du sexe fort.

Que l'homme soit ici le principal responsable, en un sens, c'est exact. S'il ne s'agissait que d'autorité ; si l'autorité, à elle seule, assurait l'avenir de la famille, la cause serait entendue. Le chef de famille, c'est l'homme. Il lui appartient de gouverner.

Mais, en fait et dans la pratique, c'est peut-être la femme qui exerce dans la famille, où l'homme commande, *l'influence la plus profonde ;* et cela, pour plusieurs raisons :

— d'abord, parce que rarement l'homme est assez fort pour ne pas céder à la diplomatie féminine, pour tenir

---

(1) T. 1, *L'Effondrement*, p. 530 et suiv.

son rôle d'autorité tout entier. Il entre souvent, à son insu, dans les idées et directions de son épouse ; et tel qui se persuade exercer le commandement n'exécute guère que les résolutions suggérées par l'épouse ;

— et puis parce que la vie de famille ne repose pas seulement sur l'autorité. Un autre facteur s'y ajoute, duquel pour une large part elle dépend : l'action de la femme ; et l'on entendra par là, en général, tout rôle féminin dans la famille, celui de la fille, de l'épouse, de la sœur, de la mère. Pour que la famille devienne un abri sûr, un asile, une école, un sanctuaire, pour que l'enfant y vive à l'aise et s'y développe, pour que l'époux y soit heureux et soit aidé à remplir tout son devoir, pour que l'homme fait y revienne volontiers, il est bon que la femme soit là, de toute manière, présente, active, diligente, aimante. — Par une présence sensible et immédiate le plus possible ; la conciliation des devoirs en apparence contraires est peut-être un problème, elle n'est pas une utopie, le devoir familial n'exclut pas les devoirs sociaux, pas plus que les devoirs sociaux n'excluent les devoirs domestiques ; — mais surtout par une présence toujours sentie, plus importante que l'autre ; c'est-à-dire par un prestige qui se maintiendra même en l'absence de celle qui l'exerce, comme cette présence du souverain dans un État, dont parle saint Thomas pour expliquer par une comparaison claire une des manières dont Dieu est présent partout.

Il s'agit en effet surtout ici de l'entente familiale, de la vie en commun, de ces échanges intimes que tout réclame et que rien ne commande, de la compénétration des âmes, des bontés et de l'amour que l'on a les uns pour les autres, bien au-delà du devoir : autant d'avantages et de biens précieux, qui dépendent du cœur plus que de l'esprit, et que la seule autorité comme telle, fût-ce l'autorité d'un père, n'assurera jamais.

Telle est, vue d'ensemble, la *mission du cœur* au sein de la famille. On reconnaîtra que, sans être l'apanage exclusif de la femme, c'est de son influence surtout que doit venir ce bienfait.

Et rien n'est inutile ou superflu pour un tel résultat. Certes, parlons de l'ordre, de la propreté ; mais parlons surtout de la belle humeur, de l'entrain, de la joie et du sourire. De quoi n'est pas faite l'exquise et tranquille paix d'un foyer ?

Et ce soin des détails, cette délicatesse des procédés, n'est-ce pas précisément tout l'art de la femme, et son meilleur secret ? De ces procédés, de ces détails, ce qui fait le prix, n'est-ce pas surtout l'attention, la bonté, l'affection dont ils témoignent ?

Ainsi, au lieu d'opposer à la mission du cœur les devoirs domestiques, on identifiera ceux-ci avec celle-là ; on verra dans les plus minimes prévenances le signe des plus profondes tendresses. Rien de moins administrativement réglé qu'un intérieur ; et c'est ce qui en fait le charme.

Influence féminine qui doit être contemporaine des *premières impressions* dans l'âme de l'enfant, dès ce tout premier âge, où il semble que rien ne soit encore décisif, quand tout est déjà si profond.

A ce point de vue, comment ne pas insister sur l'obligation, pour la mère surtout, de s'occuper elle-même, avec soin, de ses enfants, sans laisser à des soins mercenaires le travail de la première éducation ?

Dans un récit fort attachant, qui n'est pas une fiction, M. P. Luande met en scène une de ces femmes, mères de famille, à qui le monde suffit, et qui n'ont d'autres préoccupations que d'échapper le plus possible aux charges de leur vague et rare maternité. On laisse l'enfant entre les mains d'un personnel à gages, pour n'être pas privé de ses plaisirs. Le châtiment ne tarde guère... Les vices précoces ont grandi, inaperçus de la mère, tolérés ou encouragés par les valets, qui préfèrent leur repos au fastidieux office de corriger l'enfant de leurs maîtres. Le récit veut qu'au sortir de cette éducation, la mère frivole et vaine soit injuriée, accablée de reproches, finalement maudite par le fils exaspéré, à l'heure où il la surprend très occupée d'un rendez-vous qui finira, trop tôt en vérité, son joyeux veuvage. Faute d'une mère, l'enfant malheureux n'a été ni compris ni aimé (1).

Si l'on veut savoir par contraste jusqu'où va dans le souvenir d'un fils la leçon d'une mère, qu'on relise, dans la vie d'*Ozanam* par Mgr BAUNARD, cette lettre émouvante dans laquelle, après avoir perdu sa sainte mère, il épanchait son âme :

« Après ce coup de la mort où, dans l'excès de ma douleur, toute pensée de consolation me semblait impossible, injurieuse même à sa mémoire, d'autres jours sont venus et j'ai commencé à pressentir que je n'étais point seul. Alors quelque chose d'une douceur infinie s'est passé au fond de moi. C'était comme une assurance qu'on ne m'avait point quitté. C'était comme un voisinage bienfaisant, quoique invisible. C'était comme si une âme chérie, en passant, m'eût caressé de ses ailes. Et, de même qu'autrefois je reconnaissais les pas, la voix, le souffle de ma mère, ainsi, quand un souffle réchauffant ranimait mes forces, quand une idée vertueuse se faisait entendre à mon esprit, je ne pouvais m'empêcher de croire que c'était toujours elle.

« Aujourd'hui encore j'éprouve toujours ceci. Il y a des instants de tressaillement subit, comme si elle était là, à mes côtés. Il y a surtout, lorsque j'en ai le plus besoin, des heures de maternel et filial entretien ; et alors je pleure peut-être plus que dans les premiers mois, mais il se mêle à cette mélancolie une ineffable paix. Quand je suis bon, quand j'ai fait quelque chose pour les pauvres qu'elle a tant aimés ; quand je suis en repos avec Dieu qu'elle a si bien servi, je vois qu'elle me sourit de loin. Quelquefois, si je prie, je crois écouter sa prière qui accompagne la mienne, comme nous faisions ensemble le soir, au pied du crucifix.

---

(1) *Luis*, par Pierre LHANDE (Plon, 1912).

« Enfin souvent — je ne le dirais à personne, mais à toi je puis le dire — lorsque j'ai le bonheur de communier, lorsque le Sauveur vient me visiter, il me semble qu'elle le suit dans mon misérable cœur, comme tant de fois elle le suivit, porté en viatique, dans d'indigentes maisons. Et alors, j'ai la ferme croyance de la présence réelle de ma mère auprès de moi » (1).

Ozanam avait appris de ses parents, et fidèlement gardé, une Tradition. Ce que cette tradition lui rappelait, c'était mille détails d'une formation assidue, profondément chrétienne, et, pour n'en citer qu'un, celui-ci où l'on entrevoit déjà Ozanam tout entier :

Frédéric fut mis de bonne heure en contact avec les pauvres : ceux que son père soignait, ceux que sa mère venait consoler et assister ; car elle y était assidue, et dévouée à ce point que son mari, alarmé de ses fatigues, finit par lui défendre de dépasser, dans ses ascensions de charité, le troisième étage de leurs nombreux clients. Lui-même, vieillissant alors, promit de s'y conformer de son côté. Mais, peu de temps après, l'un et l'autre se surprenaient en flagrant délit de contravention, sur le seuil d'une pauvre mansarde, sous les toits. Il devait, un jour, en coûter la vie au courageux docteur. Frédéric eut vingt ans ces exemples sous les yeux (p. 10).

3. La Pratique

Comment faire ? que faire, pour la restauration de la famille ? C'est le côté pratique de la question.

Avant tout, combattre les ennemis de la Famille ; nous verrons plus loin lesquels.

Et puis, chez elle, autour d'elle, partout, la Chrétienne *agira*.

Qu'elle devienne meilleure, d'abord. Il serait inconcevable que l'on prît à cœur l'allégement des misères physiques, la fondation d'ouvroirs, d'écoles ménagères,

---

(1) Ozanam, d'après sa correspondance, p. 227 (de Gigord, 1912).

—23—

de syndicats divers, et que l'on se désintéressât de la plus lourde des misères morales, de celle qui laisse sans religion l'intérieur des familles françaises !... Mais que fera la femme pour y remédier si, pour son compte personnel, elle vit dans l'abstention ou dans la tiédeur, ne connaissant des sacrements, de la prière, de la vie intérieure et des pratiques de piété que l'indispensable minimum ?...

Chez elle, la chrétienne remettra en honneur les usages vénérables des familles d'autrefois. A propos de l'ouvrage de M. DE VOGÜÉ, *Une famille vivaroise* (2 vol., 1913, Champion), M. DE LANZAC DE LABORIE écrit un article sous ce titre : *Une famille française à travers les âges* (1). Il rappelle comment vivaient jadis les aïeules :

« Femmes laborieuses et graves, menant dans de rustiques logis une vie austère et dure ; occupées des soins du ménage et de l'administration du domaine ; élevant de nombreux enfants dans la crainte de Dieu, la fidélité au roi et le respect de leur nom ; sereines et vaillantes au milieu des soucis et des dangers d'une existence difficile et obscure. »

Autre détail intéressant : on tenait ces « livres de raison, moitié mémoriaux et moitié registres de comptes, où les événements de famille s'entremêlent aux actes d'administration, aux transactions financières et aux dépenses » ; ainsi de 1669 à 1789, le Livre de Raison des Vogüé, régulièrement tenu par le chef de famille ou par son épouse, fournit des détails instructifs, non seulement sur le développement et la gestion de la fortune, mais sur les dispositions morales des signataires.

Enfin, troisième trait à recueillir, on avait des enfants, on se réjouissait d'en avoir beaucoup. Lorsqu'un de Vogüé épousa en secondes noces Anne de Serres, il écrivit au Livre de Raison, dix-huit mois après son mariage : « Madame de Vogüé a, Dieu merci, accouché heureusement d'une fille qui est ma treizième, et mon dix-septième enfant, dont dix sont en paradis. Dieu veuille donner aux autres sa sainte bénédiction ! »

____

(1) *Correspondant*, 10 janv. 1913.

Ainsi se faisait, avec les siècles, la probité d'une race.

Autour d'elle, avec la discrétion qui convient, la chrétienne ne manquera aucune occasion de faire du bien dans les familles.

Elle peut toujours exercer une triple influence : celle des notions, celle des exemples, celle des bienfaits.

Les notions. Elle fera entrer dans les familles où elle est admise, dans celles qu'elle visite, des idées plus justes, au cours d'un entretien aimable. Redresser une idée fausse, réfuter une erreur, démasquer un sophisme, démêler une équivoque. semer un peu de vérité pour qu'il pousse moins de mensonges ; n'est-ce pas multiplier les bons offices ?

Elle profitera des réunions entre dames pour parler choses sérieuses, et non toilettes ou bagatelles. Je n'indiquerai ici qu'à mots couverts certaine propagande, aujourd'hui si désirable, que les dames peuvent faire auprès des dames, contre le principal dissolvant de la famille française (1).

Les exemples. Ils valent mieux que les discours. Entre familles décidément chrétiennes s'établirait l'émulation généreuse, surtout celle des pratiques de religion ; et certaines modes extravagantes, certaines revues, certains livres, certains auteurs, seraient d'avance condamnés ; on saurait que certains ouvrages, beaucoup lus, et sottement vantés ailleurs, ne passent pas le seuil de ces demeures.

Les bienfaits. L'influence des bienfaits est la plus pénétrante. La liste serait longue des bienfaits que la chrétienne, enrôlée dans les œuvres, peut répandre

____

(1) M. Paul BUREAU parle en termes très clairs dans *L'Indiscipline des mœurs* (Bloud, 1920), p. 22 à 39.

autour d'elle, au profit des familles : pour le logement, pour l'hygiène, pour la réhabilitation des unions, pour l'amélioration des salaires, pour le baptême des enfants ; pour le catéchisme, pour l'école, pour la vocation, pour l'avenir ; pour le soin des malades, pour l'assistance des mourants, pour l'aide dans le travail ou dans la peine ; bref, pour l'exercice de la Charité sous toutes ses formes.

LA FAMILLE PARFAITE

Et puisque rien ne vaut, pour décider l'homme au bien, un modèle accompli, ne nous étonnons pas que Jésus-Christ, précepteur et sauveur du monde, se présente à nous dans le milieu si humain d'une *Famille*. C'est le cadre extérieur dans lequel Il a voulu se manifester au monde.

Il est tout proche de nous, certes, par la condescendance qui le détermine, étant Dieu, à s'abaisser pour nous ; proche de nous par l'Humanité qu'Il prend, toute semblable à la nôtre, hormis le péché ; mais plus proche encore, semble-t-il, par le soin qu'Il met à ne nous rien demander qui ne nous soit accessible et qu'Il n'ait pratiqué le premier.

Ce qu'Il vient enseigner aux hommes, c'est l'Evangile des plus hautes vertus. Mais Il ne veut pas que nous ayons sujet de craindre, ou de perdre contenance, comme à l'aspect d'une perfection chimérique. De quoi s'agit-il ? De pratiquer la Sainteté ? Oui, et sur ce point nulle ambition qui ne soit permise à un disciple de Jésus-Christ, nul retard qui ne lui soit défendu, nulle excuse qu'il ne doive s'interdire ; mais ce sera la Sainteté par les plus humbles moyens, dans les conditions les plus humaines ; par les vertus que l'on pratique au sein de la famille ; par les vertus que réclame la famille pour exister, pour atteindre son but, pour se maintenir, pour s'étendre. Cet idéal n'a rien que d'*humain*, *quoique divin dans ses principes*.

Chacune des relations impliquées dans la vie de famille exige en effet des dispositions de vertu. *La Sainte Famille* nous en présente l'exemplaire achevé ; et Jésus-Christ, par son exemple, nous invite à chercher là, à Nazareth (à moins d'une vocation plus haute), le modèle de la Sainteté qu'Il commande à tous.

Trois traits nous sont marqués dans l'Évangile, qui ne sauraient être trop médités :

1° « Il leur était soumis ». — *L'autorité* est à la base de la famille ; elle réside en celui que Dieu charge de la gouverner, par le don éminent de la Paternité. L'autorité réclame le respect et la soumission, non pas à cause de la dignité personnelle de l'homme qui l'exerce (et c'est frappant à Nazareth, où commande le charpentier Joseph), mais à cause de la Sainteté de Dieu qu'il représente (1).

2° « Marie conservait en son cœur toutes ces merveilles, et en faisait l'objet de ses méditations ». — Dieu a fondé la famille sur le *dévouement maternel*, qui sait prendre toute la délicatesse et toute la force d'une religion. Pas une des leçons de la divine Présence n'était

____

(1) Mgr FREPPEL, Œuvres pastorales et oratoires, t. I, p. 255 (1877) dans une Lettre Pastorale sur la Famille, signale comme autant de dangers pour la famille : la diminution de l'autorité paternelle ; les atteintes portées à la sainteté du mariage ; la peur du sacrifice. — On consultera, on répandra l'importante *Lettre* de Benoît XV *sur le Culte de saint Joseph*, du 25 juillet 1920.

perdue pour la Vierge Marie. Elle possédait ce privilège unique de ne pouvoir pas rendre à son Fils ses devoirs de mère sans exercer la Charité théologale, la plus haute des vertus. Du dévouement le plus élevé, la Famille est la principale école ; le rôle de la mère consistera surtout à voir Dieu dans l'enfant, à faire grandir la vie divine en lui, à lui donner Dieu pour toujours.

3° Enfin « Jésus progressait... » — Jésus-Christ nous montre par cet exemple à quoi sert la famille, quelles merveilles elle opère, quels *progrès* elle assure, par l'éducation bien comprise : le progrès de l'âge, le progrès plus nécessaire de la sagesse, c'est-à-dire du discernement, par l'éveil méthodique des facultés ; surtout le progrès de la grâce, l'affermissement de la vie divine dans l'âme de l'enfant : progrès chrétien par excellence ; nous verrons quel concours y apporte la famille.

L'autorité du père, le dévouement de la mère, le progrès de l'enfant, telles sont les trois conditions et en même temps les trois bienfaits de la Famille.

Toute Famille digne de ce nom doit être calquée sur ce parfait modèle.

CHAPITRE II
LES ENNEMIS DE LA FAMILLE

Quand la Patrie est menacée, le sentiment patriotique se réveille ; tous les bons citoyens, d'un commun effort, se portent vers le point menacé ; tous consentent aux sacrifices nécessaires.

Les sacrifices ne sont pas moins nécessaires quand il s'agit de *la Famille*. Avant l'école, avant la presse, au moins autant, c'est la famille qu'il faut défendre ; cette citadelle est en danger.

Et là surtout, l'art de vaincre, c'est d'abord l'art de se vaincre. Le plus sûr moyen d'éviter la guerre ou de n'en pas souffrir sera de la prévenir, de combattre l'avant-guerre, de ne rien laisser à l'ennemi de ce qu'on peut lui ravir, de surprendre tous ses mouvements, de n'ignorer ni ses opérations ni ses manœuvres. L'empêcher de s'introduire au cœur de la place et d'y préparer de longue main ses conquêtes, c'est déjà triompher de lui.

Quels sont, chez nous, les ennemis de la Famille ?

1. — LES FLÉAUX D'AUJOURD'HUI

Avant tout, les fléaux, les tares, la contagion des maladies et des vices, qui appauvrit le sang et qui flétrit la race.

Dans un article sur la pathologie des familles ouvrières, le D⟨r⟩ Collin (1) en signale trois, véritables et redoutables tares de la famille française, qu'il est aussi urgent de combattre que superflu de méconnaître :

1° *La progression de l'alcoolisme.*

L'alcoolisme est devenu en France, à la dose où il est inoculé, un malheur national. (En 1873, absinthe, 6.713 hectolitres ; en 1909, 158.772 ; en 1911, 230.000). L'alcoolisme résulte à la fois « de l'hérédité tarée, de l'éducation défectueuse, de la profession, de l'imitation et de la vanité, du nombre des débits, du logement insalubre, et de la mauvaise tenue du ménage. »

On sait que « les enfants conçus par des parents alcooliques sont des débiles congénitaux, souvent des

---

(1) *Revue du Clergé Français*, janv. 1913.

idiots ou des épileptiques, des candidats à la tuberculose, quand ce n'est pas à la cour d'assises » (1).

2° *La mortalité infantile* : mortalité, et morbidité qui la prépare ; par manque de soins ; par hérédité malsaine ; beaucoup aussi par les suites du paupérisme (logis mal tenu, travail des femmes à l'atelier).

Une conférence, la première d'un *Cours de Puériculture*, donnée par le Dr Clergeon à l'*Action Sociale* de Versailles, le 7 mai 1920, fait entrevoir l'importance de la question :

Il meurt, chaque année, des *milliers d'enfants*, qui n'auraient pas dû mourir, que l'on aurait pu sauver, *la science nous faisant de ce côté tout-puissants*. Il est mort, en France, de 1870 à 1911, *six millions* d'enfants (soit environ 137,000 enfants annuellement) *de 0 à 1 an*. La statistique montre que de 0 à 15 jours là mortalité atteint 77 %, de 15 à 30 jours, 12 %, ce qui donne pour le premier mois 85 %. C'est-à-dire que sur 100 enfants qui meurent dans la première année, 85 succombent dans le premier mois. Si l'on compare la mortalité en France (17 %) avec celle de la Norvège (9 %), on voit que, le jour où la France arrivera au taux de ce pays, c'est *60,000* existences que l'on gagnera annuellement. Mais il y a aussi une quantité bien plus considérable d'enfants qui succombent et ne sont même pas inscrits à l'état civil. S'il est difficile d'évaluer leur nombre, on peut dire approximativement qu'il est au moins de 800,000, et *la presque totalité en devrait être sauvée*. Dans l'étude des causes de cette mortalité infantile, on voit que, parmi les enfants élevés au biberon en nourrice, les décès sont formidables (sur 100 enfants il en meurt 77)... Après avoir passé en revue les différents facteurs de la mortalité infantile, le conférencier termine par cette conclusion : Nécessité urgente de l'étude de la puériculture et de la divulgation de cette science, seul moyen de mener effi-

(1) Voir *Année Sociale Internationale* (*Action Populaire*), l'article *Alcoolisme*, à propos de la Famille. L'alcool fait des tuberculeux, des aliénés, des criminels, tue l'esprit d'épargne et de prévoyance (1911, p. 193 ; *Année* 1912, p. 178, *Lutte contre l'alcoolisme*). — Sur les ravages et les progrès « incalculables » de ce fléau, sur le devoir du Gouvernement pour le conjurer, c'est l'enquête de M. G. Rossignol qu'il importe de lire dans *Un pays de célibataires et de fils uniques*, p. 215 à 221. A Paris, « on compte un cabaret par trois maisons » ; et « ce sont des puissances électorales redoutables ». — Enfin, Lucien Rouse, *Atonie et Alcoolisme*, brochure (*Action Populaire*).

— 31 —

raccement la croisade contre la mortinatalité et la mortalité infantile. N'oublions jamais que : « *tout nourrisson dont les* « *organes sont intacts et résistants, c'est-à-dire normal, ne meurt* « *ordinairement que de maladies évitables et même facilement* « *évitables* ». Comme la mortalité des enfants élevés par leur mère n'est que de 3 %. favoriser l'allaitement maternel. « *Le* *cœur d'une mère comme son lait ne se remplace jamais.* » (*Sem.* *Relig.* de Versailles.)

3° *La tuberculose, les maladies professionnelles,* et certaines autres, qu'on ne peut nommer (1).

Parmi les mesures de prophylaxie sanitaire, on a raison d'indiquer :

A) la limitation des débits de boissons ;

B) l'amélioration des habitations ouvrières, une croisade contre le taudis, avec l'aide des sociétés coopératives, des sociétés anonymes, et des sociétés de crédit immobilier ;

C) une forte éducation ménagère ; l'école ménagère est l'école professionnelle de la femme : « Il y aurait des avantages sociaux immenses à ce que la cuisine, la lessive, le raccommodage, le repassage du linge et des vêtements, l'hygiène et la comptabilité domestique, l'élevage des enfants, devinssent des matières obligatoires des programmes scolaires féminins » ;

D) une éducation antialcoolique commencée de bonne heure ;

E) des conseils donnés à temps sur l'hygiène infantile (Consultations de nourrissons, Mutualités maternelles, crèches, etc.).

Insistons sur l'amélioration du logis, et sur la manière

---

(1) Voir *L'Assistance Mutuelle* (46, rue de la Victoire, Paris), août 1920. *Le problème de l'enfance* (35.000 mort-nés par an) ; parents *contaminés* (Doct. Claude Mulos).

de l'entendre pour apporter au mal un remède efficace (1).

Donner de l'air, de l'espace, c'est bien. Plus il y
aura de maisons saines, habitables, plus il existera de
foyers. Faire en sorte que les taudis disparaissent ; protester contre l'égoïsme odieux qui ose poser comme
condition au locataire, à l'employé, au concierge, de
n'avoir pas d'enfants ou d'en avoir peu ; accueillir
volontiers les familles nombreuses. ne pas se permettre
l'inqualifiable faute de les blâmer ou d'en sourire ; leur
adoucir les rigueurs de la vie chère, les soulager, les
recommander. les favoriser, oui, certes, excellentes
mesures.

Mais s'en tenir là serait montrer que l'on ignore tout
ce qui distingue, *moralement*, un foyer d'un habitat,
une famille d'un logis, la maisonnée de la maison.

Quand Mgr d'HULST était jeune vicaire à Saint-Ambroise
de Paris, M. Langénieux étant curé, il disait avec un
sens déjà profond de la charité et l'intelligence des vrais
besoins du peuple :

« Le peuple manque de deux bienfaits, auxquels malheu-

------

(1) Le *Petit Guide pratique des habitations à bon marché*
(Dossiers de l'*Action Populaire*, n° 9, 10 mai 1920 ; série sociale
des Brochures, n° 22) fait l'historique des progrès de la loi sur
cet article : loi Siegfried, nov. 1894 ; loi P. Strauss, avril 1906 ;
loi Ribot, avril 1908 ; loi du 23 déc. 1912, base de la législation
actuelle, qui organise les Comités départementaux, fixe le statut
financier, la valeur locative des habitations, maintient leur immu-
nité fiscale, prévoit des secours financiers. — Puis les lois
d'après-guerre : 24 et 31 octobre 1919, où l'on voit le législateur
occupé de maintenir les avantages fiscaux et successoraux et
d'entraver les jeux de la spéculation, afin de permettre aux personnes peu fortunées d'acquérir une maison familiale et un
jardin. — Voir aussi, rétrospectivement, Jean HACHIN, *Revue de
l'Action Pop.*, janvier et février 1913, et L. GUIZERIX, dans *Le
Mouvement social*, 15 mars 1913, *Le problème de l'habitation
ouvrière*.

reusement on ne lui apprend que trop à se soustraire : il n'aime plus la religion, il n'aime plus la famille. Pour lui rendre la religion, il faut lui rendre le dimanche. Pour lui rendre la famille, il faut former des chrétiens et des chrétiennes. » L'abbé Courtaus, son collègue et ami, et plein de zèle comme lui, ajoutait cette remarque : « La demeure n'est rien, l'habitant est tout. C'est à lui qu'il faut recourir pour la réforme ouvrière. Ce sont des pères et des mères qu'il faut former. Et comme la génération présente des pères et des mères ne nous offre pas de garanties, n'entrons pas dans ce cercle vicieux qui veut faire réformer la famille à venir par la famille présente » (1).

C'était écrit en 1867 ; peut-être ne serait-ce plus aussi vrai aujourd'hui ; mais le principe reste acquis ; et ce que disaient alors du rôle des patronages. à défaut des familles, ces deux prêtres dévoués, disons-le des familles d'aujourd'hui. Des habitations, des habitats, oui, mais avant tout des habitants, c'est-à-dire des jeunes gens et des familles dignes du mariage : « Ce sont ces jeunes gens et ces jeunes filles, bénis par une union indissoluble, qui se chercheront et se bâtiront eux-mêmes au besoin un foyer. Celui-là ne leur sera pas imposé, ils l'auront conquis par la victoire de la vertu. »

Moralisons, d'abord. On moralise par le logis, c'est vrai pour une part ; dans une maison trop étroite, la morale ne sera guère respectée ; mais ce n'est pas assez qu'une habitation soit vaste pour que la moralité y soit sauve (2).

---

(1) *Vie de Mgr d'Hulst*, par Mgr Baudrillart, t. I.
(2) Un rapport lu à l'Assemblée générale des *Ligues de Familles nombreuses* par M. Auguste Isaac, en octobre 1918, indiquait les réformes les plus urgentes ; plusieurs n'ont pas cessé de l'être : 1. *impôt sur le revenu*, qui, bien établi, peut assurer un dégrèvement au profit des pères de famille ; 2. *allocations spéciales* (naissances) ; primes intelligentes à la natalité honnête ; *taxe sur les célibataires* (désormais votée) ; 3. *salaire familial*, et « *sursalaire* » (allocations, caisses de compensation fondées par les patrons), gratification ajoutée à la rémunération fixe et pro-

Pour moraliser, exilons de chez nous les vrais ennemis de la famille, les *mauvaises lois*.

2. — LES LOIS

Les vrais ennemis de la Famille, ce sont les hommes qui, en facilitant la séparation initiale ou totale des époux, désagrègent le foyer en le rendant instable.

Sur le *Divorce*, tout a été dit avec précision et avec vigueur par le P. Monsabré, *Conférences* 1877, 87ᵉ Conf. — Incompétence radicale du pouvoir civil, pour deux motifs : et parce que l'Etat ne saurait avoir aucun pouvoir direct sur ce qui se donne et ce qui se fait dans le mariage ; et parce que le mariage est un sacrement, p. 136. — Réfutation des objections le plus souvent reproduites : 1° prétendu esclavage qui en résulte ; 2° inconséquence, quand la fin principale est manquée, quand le mariage est sans enfants ; 3° droit au bonheur.

Le P. Castillon, dans *Autour du mariage. Trois Problèmes moraux*, Beauchesne, 1918, expose avec beaucoup de méthode la question de l'*Union libre* (2ᵉ Problème), et celle du *Divorce* (3ᵉ Problème). — L'union stable est le seul régime normal des relations entre homme et femme. Et la société ainsi formée doit avoir une durée perpétuelle que seule la mort d'un des conjoints pourra dissoudre : cette thèse de l'indissolubilité l'emporte de beaucoup sur la thèse du divorce, comme le fait voir clairement une méthode raison-

---

portionnée au nombre des enfants et aux charges de famille ; 4. *impôt sur les successions* (et lois meilleures) ; 5. *logement*, accès à la petite propriété ; 6. *placement des enfants* ; 7. *poursuites légales* contre les faiseuses d'anges ; 8. *Vote familial* ; 9. *retraites* ; 10. *réformes de l'enseignement secondaire*. — Mais on se gardera de tout attendre de l'Etat. Les initiatives privées, patronales et familiales, peuvent suffire en bien des cas.

De son côté, M. Maurice Deslandres, dans un article de la *Chronique Sociale de France* (mai 1920) laisse entrevoir le rôle considérable des initiatives privées en ces matières. Après avoir rappelé le passé de la *Ligue sociale d'Acheteurs*, il trace son programme pour l'avenir (*L'Avenir de la Ligue sociale d'Acheteurs*) : un rôle de protection, de médiation, de direction (les listes blanches, l'origine des produits), de conseil, de défense contre les abus.

nable *de solution* (p. 74) appliquée à l'une et à l'autre. — Trois objections : 1° une foule de malheureux seront condamnés ; 2° qu'on admette le divorce à titre d'exception justifiée ; 3° le divorce a existé dans la législation mosaïque, et existe encore dans l'Eglise catholique (rupture du lien conjugal).

Avec plus d'ampleur, la même question est traitée par le même auteur dans le *Dict. Apol. de la Foi Cathol.*, fasc. XIII, *Mariage et Divorce* : 1re partie, le mariage considéré comme contrat de droit naturel ; 2e partie, le mariage chrétien ou le contrat-sacrement.

Mgr GIBIER a publié sur *La Famille* (outre son ouvrage qui porte ce titre (*La Famille*, in-12, 360 p. Téqui) une série d'articles, depuis le 29 février 1920, dans la *Semaine Religieuse* de Versailles) : La famille qui n'existe plus ; la famille qui se suicide ; la famille qui se décompose (manque de respect, indépendance, dispersion de la vie) ; la famille qui se paganise. Il insiste sur l'ignominie et sur les méfaits du divorce, dans la première de ces études.

Une importante leçon du *Catéchisme du mariage*, du P. HOPPENOT, traite aussi du divorce, de sa gravité, des effets qu'il a produits en France, p. 58 à 79.

Le P. GILLET, dans l'*Eglise et la Famille*, n'est pas moins explicite (indissolubilité du mariage, p. 94 à 97, et p. 116 à 124).

Mais on lira surtout Mgr D'HULST, *Conférences de Notre-Dame*, 1894, 2e Conférence, *Respect du lien conjugal*, avec la note 6e dont il accompagne cette conférence, p. 374. Il y discute à fond l'objection du *divorce en cas d'adultère*. Le P. MONSABRÉ, dans une note copieuse, surtout historique (1887, p. 289), rappelait d'où est venue, tardivement et sous l'action des lois civiles, la pratique de l'Eglise grecque de permettre la solution du lien pour cause d'adultère. Mgr D'HULST s'attache davantage à l'étude des textes évangéliques afférents, et examine de près *la coopération impliquée dans l'action en divorce* (civil) (1).

Rappelons encore, M. P. BUREAU, *L'Indiscipline des mœurs*, p. 88, et l'important ch. IX de la 3e partie.

---

(1) Il y a deux opinions sur la gravité du divorce prononcé par les tribunaux : les uns le tiennent pour *intrinsèquement illicite*, parce que rompant le lien du mariage ; les autres ne le condamnent pas *en lui-même* parce qu'il ne brise que le lien civil et ne s'occupe pas du lien de conscience. Mgr D'HULST se place au point de vue de cette seconde opinion (la première ne faisant pas difficulté), « pour montrer que ceux mêmes qui croiraient

A la base de la famille, Dieu a mis, comme propriétés essentielles, l'*unité* et l'*indissolubilité* du mariage.

L'enseignement de Jésus-Christ est formel. En supprimant le livret de répudiation tel qu'il existait chez les Juifs par une tolérance forcée de Moïse, Il n'a fait que ramener le mariage à sa condition primitive. En élevant à la condition et à la dignité de Sacrement le contrat naturel d'union entre les époux, Il en a fait le signe et l'instrument de la Grâce. Par là, Il l'a rendu sacré, et intangible. Nulle puissance humaine ne peut désunir ce que Dieu a uni.

La *loi naturelle*, et non pas seulement la révélation, proclame l'indissolubilité du mariage.

Le bien de l'enfant l'exige ; c'est la condition sans laquelle il ne peut recevoir décemment ni l'existence,

---

pouvoir s'y rallier devraient encore refuser à l'époux chrétien le droit de recourir au divorce civil » ; et il examine divers cas de conscience relatifs à cette coopération (p. 279 à 358).

Voici comment et dans quelle mesure il y a *coopération mauvaise* par la *demande en divorce* :

« Appliquons cette théorie au cas du divorce civil, et admettons, si l'on veut, que ce genre de divorce n'est pas mauvais en soi, puisque le lien qu'il rompt n'est pas le vrai lien matrimonial. Toujours est-il que, le lien civil une fois rompu, l'époux que n'arrêtent pas les résistances d'une conscience chrétienne, aura toute facilité et *jouira de la protection des lois* pour contracter une autre union qui sera un adultère. En outre, *une atteinte grave sera portée aux bonnes mœurs*, le vulgaire ne sachant pas distinguer entre le divorce purement civil et un divorce qui romprait le vrai mariage. Autoriser l'époux chrétien à demander le divorce, c'est donc ébranler aux yeux de la multitude l'institution sacrée du mariage. Ainsi, d'une part, pour l'époux peu scrupuleux, péril imminent de commettre l'adultère ; d'autre part, pour la société tout entière, grand scandale résultant de la sanction donnée par la loi à l'union illicite qui ne manquera guère de suivre ; tels sont les inconvénients inhérents à l'institution du divorce civil.

« Ils sont si graves qu'ils ne sauraient être compensés par les avantages qui pourraient porter l'époux consciencieux à réclamer le bénéfice du divorce civil. En s'accordant cette liberté, *il coopère indirectement, mais efficacement au mal*, et il n'est pas couvert

ni l'éducation, ni la tradition, faute desquelles sa vie est incomplète ou mal aiguillée.

La dignité et la sécurité de la femme l'exigent. Elle ne saurait être laissée à la merci d'un revirement ou d'un caprice, ni garder seule, par l'abandon, des charges qui ont été d'abord consenties en commun.

Indissolubilité qui ne souffre ni exception ni condition, parce qu'un motif supérieur existe toujours de la maintenir, même dans certains cas particuliers où la première et principale fin du mariage n'est pas atteinte, quand il n'y a pas d'enfants. La famille est la cellule sociale ; le mariage indissoluble est la condition de sa permanence et de sa dignité ; pareille institution ne saurait fléchir ; c'est donc l'intérêt particulier qui doit céder lorsqu'il entre en conflit avec l'intérêt général.

Au point de départ de la véritable famille, on trouvera

---

par des motifs suffisants. Car les raisons qu'il peut invoquer à son profit relèvent de l'intérêt privé et les raisons contraires se rattachent à l'intérêt public et aux fondements mêmes de l'ordre social.

« Il ne sert de rien de dire que le divorce civil n'est pas plus un divorce que le mariage civil n'est un mariage. Sans doute le mariage civil est déjà un désordre, parce qu'il habitue le citoyen à mettre le lien matrimonial là où il n'est pas. Toutefois, quand le mariage religieux s'y ajoute, la formalité civile contribue à fortifier celui-ci en lui prêtant l'appui des lois et celui des sanctions extérieures. L'effet du divorce civil est tout opposé. S'il ne rompt pas le vrai mariage parce qu'il ne peut pas le rompre, du moins il l'affaiblit, il l'ébranle, il l'expose aux atteintes d'une infidélité qui ne sera plus un écart flétri de tous, mais un acte légal. Si l'un des époux divorcés se remarie civilement, cette union adultère sera entourée par la puissance civile de tout le prestige et de toutes les précautions autrefois réservés à l'union légitime. Il y a là *un mal profond, auquel un chrétien ne peut coopérer sans péché.*

« Il suit de là (et c'est là, à tout le moins et sans préjudice d'une interprétation plus rigoureuse, le sens des décisions romaines) *qu'en aucun cas l'épouse fidèle à Dieu ne peut se faire demandeur en divorce...* » (note 6, p. 380.)

Voir aussi, *Etudes*, 20 fév. 1897, F. TOURNEBIZE ; *Le divorce, peut-on le prononcer ?*

donc la *vie de famille* : une famille organisée, et régulière... Qu'est-ce à dire ? Non pas la juxtaposition des deux vies, c'est trop peu ; mais l'union des âmes, la fusion des cœurs, l'entente vraie et durable. La passion n'y saurait suffire, parce qu'elle n'est ni raisonnable ni durable. La famille émane de deux fidélités qui se donnent l'une à l'autre.

Tous les divorces sont donc à redouter.

Le divorce n'est du reste lui-même qu'une étape, une halte, une solution incomplète et illogique, à laquelle on ne s'arrêtera pas ; en droit, en fait, il mène à l'union libre.

On est donc en droit de signaler, comme ennemis de la famille, les législateurs qui tolèrent, facilitent, élargissent le divorce.

Mais qui ne le sait, qui ne le déplore ? Ce mal existe, et il sévit, reconnu, déplorable ; le divorce est devenu endémique. Une brochure de M. Henry TAUDIÈRE sous ce titre, *Les lois françaises contre la famille*, fournit des chiffres ; ils sont navrants (1).

D'où vient le nombre toujours croissant de divorces ?

Le Code civil français en est en partie responsable ; et cela de trois manières :

---

(1) Henry TAUDIÈRE. *Les lois françaises contre la famille* (Société bibliographique), de Gigord, 1913. Nécessité de la famille pour l'individu et la société. Conditions essentielles d'existence pour la famille (ordonnée, unie, stable, traditionnelle) ; par la religion, seule garantie qui assure ces conditions. La Famille et la Franc-Maçonnerie (révolutionnaire, contemporaine). Conséquences pratiques.

L'auteur énumère (p. 16 à 26) les entreprises de la *législation française* contre la famille : la loi de 1884 sur le divorce (statistique actuelle du divorce, p. 19) ; la conversion, par jugement, de la séparation en divorce (loi de 1908) ; la famille atteinte dans son prestige, par l'assimilation des diverses unions et des diverses catégories d'enfants ; l'affaiblissement légal de l'autorité maritale et paternelle.

1° par la *rupture du lien* matrimonial, que la loi du divorce autorise entre vivants. C'est un sacrilège ;

2° par la *conversion automatique* de la séparation en divorce après trois ans, à la requête d'un des conjoints : c'est le même résultat, préparé avec moins d'éclat et par des voies obliques ; et ce danger ou piège légal doit donner à réfléchir aux chrétiens qui plaident la séparation ; par le vice de la loi, elle est devenue plus suspecte aux consciences religieuses qu'effraie la perspective d'une coopération trop peu lointaine au divorce (1) :

3° par les *formalités* souvent trop onéreuses du contrat ou « mariage » civil.

Non pas qu'il faille, un publiciste en fait la remarque, « rejeter sur le code civil la responsabilité exclusive du grand nombre des unions libres », surtout dans les classes ouvrières :

Il y a tout d'abord des cas où il ne saurait être question de l'en rendre responsable : ainsi, quand il s'agit de cette forme particulière de concubinage qui résulte d'un mariage purement civil. En outre, même dans les cas où on peut l'en rendre responsable, il n'est pas le seul responsable et il ne faut pas se dissimuler qu'une révision de ses dispositions relatives au mariage, si parfaite qu'on le suppose, ne dispensera pas de l'*action morale* qui demeurera toujours nécessaire sur certains pour les amener à se marier.

Mais il n'est pas douteux que notre législation matrimoniale civile a sa part de responsabilité dans le mal dénoncé, et la tâche réformatrice qui incombe en cette matière au législateur est au moins aussi importante que celle qui peut incomber au moraliste.

---

(1) « La séparation de corps est généralement mal vue et on lui préfère le divorce. Elle y mène d'ailleurs ou peut y mener, car d'après une loi du 6 juin 1908, il suffit qu'elle ait duré trois ans pour que l'un quelconque des époux ait le droit d'en exiger la conversion en divorce ; les tribunaux ne pourraient pas la lui refuser » (E. SERMET, *Revue du Clergé Français*, 1er janv. 1913).

Il suffit, en effet, d'avoir quelque peu pratiqué les œuvres qui recherchent les faux ménages en vue de les *réhabiliter*, pour se rendre compte que presque toujours, sinon toujours, la principale des raisons qui ont fait négliger de se marier a été l'impossibilité ou une sérieuse difficulté, quelquefois même le *simple ennui de se soumettre à certaines exigences de la loi civile*. Quand ces exigences sont justifiées, il n'y a qu'à s'incliner, et le rôle des œuvres dont nous venons de parler (1) est justement, soit de tâcher à en faire comprendre l'utilité aux intéressés, soit de leur faciliter les moyens de s'y soumettre.

Mais elles ne sont pas toujours justifiées, et en ce cas l'obstacle qu'elles opposent au mariage civil est d'autant plus regrettable qu'il empêche, par voie de conséquence, le mariage religieux, dont la célébration est interdite par les articles 199 et 200 du Code pénal, et sous des sanctions assez graves contre le ministre du culte qui y aurait prêté son concours, aussi longtemps que le mariage civil n'est pas lui-même célébré. Or, en règle à peu près générale, la loi canonique est bien moins rigoureuse que la loi civile en matière de mariage, et tel qui se passe du mariage civil parce qu'il ne veut pas ou ne peut pas se soumettre aux exigences injustifiées que nous visons, ne se serait peut-être point passé du mariage religieux, pour lequel la loi canonique n'a eu garde de les formuler.

La vérité nous oblige à reconnaître cependant que les prescriptions premières du Code civil à cet égard ont été considérablement amendées. Depuis plus d'un demi-siècle, l'évolution législative tend à réduire de plus en plus les formalités et les frais du mariage civil ou même les conditions (entre autres les lois dites Lemire du 20 juin 1896 et du 21 juin 1907) sur les actes respectueux, et récemment le remaniement des textes qui régissent le consentement préalable des parents (E. Seumer, art. cité).

Mais les lois mauvaises, avant d'accélérer les mauvaises mœurs, n'ont été possibles que par l'état mauvais des mœurs. Les lois précipitent les mœurs ; mais c'est

---

(1) La plus connue est l'œuvre de Saint-Jean-François Régis pour le mariage des indigents et la légitimation de leurs enfants naturels, fondée en 1826 à Paris sur l'initiative de M. Gossin, ancien conseiller à la Cour royale de cette ville. — Signalons aussi les « Comités de Mariage » des Conférences de Saint-Vincent de Paul.

dans la défaillance et la dégradation des mœurs qu'il faut chercher l'origine des libertés scandaleuses ou impies, tolérées ou encouragées par des législateurs indignes.

C'est donc aux mœurs que nous nous en prendrons. Il faut d'autres mœurs pour obtenir d'autres lois.

3. — LES MŒURS

D'autres mœurs ?... Mais comment s'y prendre ? Par des mariages mieux faits.

Nous ne manquerons pas aux vraisemblances en accusant les *témérités qui précèdent ; l'irréligion pratique ; les complicités conjugales.*

A) *Les témérités qui précèdent,* autrement dit *les mariages mal faits.*

Toujours, plus ou moins un mariage se prépare, il sera plus ou moins bien fait. On assure que nulle affaire n'est plus difficile à traiter ; y réussir est assez rare. Le mariage pourra être compromis, et la famille avec lui, de bien des façons, au cours de cette préparation.

Compromis *par la manière dont, souvent, le problème est posé.* L'unique ou principal prélude, ce seront les relations mondaines, avec les complaisances qu'elles entraînent ; on s'y oblige aux sacrifices ! Au cours d'un bal, d'un concert, d'une réunion, d'une partie de jeu, d'un pique-nique, tout se combine, tout s'arrange. Il y va de tout ; les âmes sont en cause, ainsi que le bonheur ; c'est grave, très grave ; et pourtant on consulte, quoi ? les intérêts, la convenance des situations, l'accord des fortunes, tout au plus les sympathies, créées presque toujours par les passions que la vaine lecture a nourries. — Petits enjeux, pauvres données : l'essentiel est négligé.

Pour une institution qui doit durer, ces appuis sont précaires. On ne fait pas œuvre sérieuse. Dieu n'est pas le premier consulté, ni le plus écouté ; le problème s'étudie sans Lui. Il faudrait se dire, en tremblant, les yeux fermés pour mieux voir, le regard ouvert sur l'invisible, et l'âme tendue vers les choses éternelles : Quel est, pour moi, le meilleur moyen d'assurer mon salut en servant Dieu ? Le mariage ? peut-être ? Voyons de près ; comment m'y aidera-t-il ?... Mais c'est la dernière des bonnes raisons que l'on examine. Les bonnes raisons, c'est la dot, et le nom, et quoi encore !...

Mariage compromis d'avance, aussi, par *la trop grande indulgence des parents pour les mœurs faciles des jeunes gens.* Il serait temps de réagir contre l'odieux préjugé qui donne licence aux passions du jeune homme, en exigeant de la jeune fille seule le devoir d'une stricte préservation : l'un et l'autre sont tenus à la même vertu.

C'est ici qu'apparaît dans toute sa splendeur la génération des chastes, belle de tout l'éclat de ses luttes sans souillures.

On le dit, on le répète, et l'on a raison, la cellule sociale, c'est la famille ; mais la famille n'est pas l'association momentanée, fortuite, précaire, de l'homme et de la femme, elle est la fusion de deux existences humaines destinées à faire ensemble le sublime travail pour lequel la Providence les unit. La stabilité, l'unité, en représentent les conditions nécessaires ; le temps d'une part, la convergence des efforts de l'autre, sont requis pour qu'un foyer existe ; car le foyer n'est pas seulement l'abri provisoire où l'enfant trouvera le pain du corps aux heures des repas, il est l'asile sûr et chaud où son âme recevra l'aliment de sa vie supérieure, traditions, idées, vertus. Le bien social exige donc que les relations providentiellement ordonnées à l'entretien de la vie, ne soient laissées ni au hasard des rencontres ni au caprice de la passion. La fidélité mutuelle en est le fondement (1).

Même quand la fin principale est frustrée de son effet, le mariage subsiste, parce que l'essence du contrat qui le constitue demeure intacte : le droit mutuel acquis et réciproquement conféré à l'usage du mariage pour ses fins légitimes. La vraie dignité de cette union entre chrétiens et la raison dernière de sa permanence, c'est le symbolisme sacramentel qui, de la fidélité conjugale et de la donation mutuelle entre époux, fait une image de l'union du Christ avec son Eglise. L'époux et l'épouse, en se donnant l'un à l'autre, sont les ministres et les agents d'un mystère ; pour leur part, ils façonnent, avec Dieu comme principal coopérateur, le signe sensible de la Grâce. Et cette Grâce du sacrement de mariage fait surgir en eux des sources de sanctification mutuelle : descendue du Calvaire d'où vient toute vertu, cette grâce sanctifie tout, même la plus intime tendresse ; elle donne à l'œuvre familiale un mérite surnaturel et une portée infinie. Le temps fractionne tout ici-bas, il éparpille, il divise ; il ne nous laisse qu'une seconde à la fois ; et dans ce court instant, il se plaît à détruire en nous-mêmes et hors de nous ce que nous croyons le plus solidement établi ; en donnant, il retire ; en se prodiguant, il se dérobe. Contre un tel ennemi nos luttes sont

----

(1) A. CASTELEIN, S. J., *La Passion de l'amour, le Mariage, la Natalité.* — Bruxelles, Dewit, 1910. — Les lois du mariage doivent s'établir d'après la subordination de toute la vie conjugale à la vie de l'enfant et condamner les pratiques du néo-malthusianisme. Ce livre est « une philosophie chrétienne de l'amour et du mariage, philosophie ignorée d'ailleurs de tant de chrétiens ». (P. CASTILLON, *Etudes*, 5 octobre 1912.)

inégales. Nous luttons, il est vrai ; nous résistons de notre mieux, nous cherchons à tromper cette fuite du temps ; nous mettons je ne sais quelle obstination à durer quand rien ne dure ; nous peuplons de nos rêves, de nos projets, de nos ambitions, de nos désirs, un avenir qui n'est jamais à nous. La Grâce fait mieux ; au lieu de promettre seulement un avenir, elle le façonne ; elle en établit le titre durable au lieu d'en donner l'illusion ; par elle, les instants deviennent divinement féconds, parce que méritoires pour toujours et devant Dieu. Là où d'autres font d'inutiles calculs pour éviter l'inévitable destruction de tout, le chrétien poursuit en paix une destinée immuable qui s'élabore d'heure en heure. Quelque chose d'inaltérable se fait par la grâce du Sacrement entre époux et par eux ; c'est de la vie sans fin, de l'éternité. Socialement et surnaturellement, pour l'avenir d'ici-bas où la société les attend, pour l'autre et meilleur avenir où se réalise le rendez-vous des âmes, les époux doivent poser ensemble les conditions d'une tendresse éternelle.

Or, rien de plus difficile que cette *fidélité* à celui qui a pris, avant le mariage, l'habitude d'obéir aux attraits des sens plutôt qu'aux ordres de la raison. L'homme qui s'est longtemps abandonné à la tyrannie de l'instinct, s'apercevra trop tard des difficultés qu'il y a, après les fautes réitérées, à se vaincre tout de bon ; nulle éducation ne l'ayant préparé à ces victoires, il sera novice dans le plus rude des métiers, à l'heure où son devoir réclamerait une vertu aguerrie.

Une *liaison* pourra subsister, mais non pas un amour (1), si l'appel des sens en est le principal mobile.

----

(1) « Le mariage n'est pas un contrat d'affaires, mais une union que prépare et consomme l'amour. Il n'y a pas plus de mariage

L'amour sera « libre », c'est-à-dire intérimaire, résiliable à volonté, rien n'entravera l'impétueux mouvement du caprice sensuel.

Il fallait armer l'homme d'avance, et de bonne heure, contre ce caprice insolent ; saisir, retenir le jeune homme à l'âge où ses convoitises pouvaient être bridées : dans la famille surtout (1), par l'ascendant maternel, qui s'étend si loin lorsqu'il repose sur la vertu ; au besoin, par la perspective du mariage précoce, lorsque nulle autre vocation ne se dessine. « Je voudrais, dit M. R. Bazin, que de bonne heure on habituât le jeune homme à l'idée du mariage. C'est un grand gouvernail qui donne une direction, la vraie, la droite, à la tendre jeu-

---

sans amour que de vie sans âme. C'est pourquoi le sentiment si fort et si délicat de l'amour est aussi moral que le mariage lui-même. De même qu'il ne naît pas de la corruption, il ne mène pas à la dépravation. Aussi, en général, à part certaines circonstances particulières, l'amour doit-il être encouragé plutôt qu'entravé. L'amour seul fait noblement penser au mariage. Or, le vicieux est incapable d'aimer, tant qu'il est sous l'empire de son mal : c'est une plante flétrie qui ne peut bourgeonner les purs fleurons de l'amour ; c'est un prisonnier de l'abject égoïsme qui ne sent ni le désir de se donner ni le besoin de recevoir. Il est casanier, il ne se répand pas au dehors ; il est tranquille, il ne sent bouillonner en lui aucune passion ardente ; mais il n'est si sage que parce qu'il est blasé et il est blasé parce qu'il est usé. Il ne cherche point l'autre sexe, il ne lui fait aucune avance, il le fuit plutôt ; il ne se marie point spontanément ; si sur le tard il se marie, c'est qu'il cède à des instances ou à des convenances. » (Guibert, *Rev. prat. d'apol.*, 1ᵉʳ fév. 1910, p. 655.)

(1) A propos de *L'honnête femme contre la débauche*, de Mᵐᵉ Leroy-Allais, un recenseur fait remarquer que les honnêtes femmes, les femmes chrétiennes, même des femmes très chrétiennes ont une part de complicité considérable dans le dérèglement des mœurs de la jeunesse masculine ». Il rappelle ce qu'elles disent, ce qu'elles se disent dans les salons, « quand on censure le vice juvénile, quand on assure qu'on pourrait l'enrayer ». Il y aurait plus de lutteurs, moins de victimes, « si la jeunesse masculine ne sentait des complaisances et des complicités dans celles qui devraient leur apprendre le respect des autres femmes. Comment, dans l'esprit de nos jeunes gens, la foi et la vertu ne chavireraient-elles pas du

nesse... » Et il voit dans certaines idylles (un pis-aller toutefois, j'imagine) « le préservatif contre les romans dégradants ». (*Les hommes de demain*, p. 24).

Aux jeunes gens nous conseillerons :

Dr PASTEAU, *Etude médicale sur la chasteté chez l'homme*, rapport présenté au Congrès de Nancy, pages 30-40 ; il y traite trois questions : L'homme peut-il rester chaste ? Le doit-il ? Comment le peut-il ? Rapport scientifique, mais d'une réserve parfaite, avec une bibliographie importante (86, rue de Gergovie, Paris-14e).

Cap. A. MAGNIEZ, *A toi, père* ; brochure de 61 pages, très explicite (elle n'est pas dans le commerce ; s'adresser à l'auteur, 11, chemin du Paradis, Lourdes). Pour contenir l'ardeur du sang, l'auteur recommande les moyens suivants : prière ; confession fréquente, « nette et carrée » ; communion fréquente « faite volontairement, énergiquement »; travail assidu, propreté du corps, gymnastique, éloignement de tout mauvais compagnon, fuite des occasions du péché, restrictions, garde des yeux, rejet des romans impudiques : « rien, à mon avis, ne corrompt autant que la lecture de ces narrations d'adultères ou d'accouplements sans mariage, que cette luxure à nu ou perfidement couverte d'une gaze transparente... » ; le désaveu de toute mauvaise pensée, l'interdiction de toute parole contraire à la chasteté, de tout chant ou sourire semblant approuver l'impureté ou l'immoralité ; enfin, après une chute, vite et loyalement le retour complet à Dieu.

Pierre CASTILLON. *Autour du mariage. Trois problèmes moraux*, Beauchesne, 1918. — Le premier de ces problèmes a pour titre

---

même coup quand ils constatent cet état d'esprit dans une grand'mère, ou dans une mère qui communient tous les jours, et cependant professent que, par un décret particulier, leur fils est dispensé du 6e et du 9e commandement ? Je le redis ici après l'avoir souvent répété dans mon long ministère au milieu de la jeunesse lycéenne, si les pères sont coupables (ceux qui autorisent les fredaines de leurs fils pour justifier leur passé), les mères le sont plus encore d'aider à développer des théories anti-morales dont elle pourraient certainement empêcher la propagation. » (Léon DÉSERS, *Rev. du Clergé Français*, 1er mai 1913.) — Le P. GILLET, dans *L'Église et la Famille*, 2° p^{tie}, ch. 4, p. 255 à 263, marque en termes excellents jusqu'où va l'influence de la mère sur toute la formation du jeune homme. — G. ROSSIGNOL, dans *Un pays de célibataires*, fait remarquer le bienfait de la présence des sœurs au foyer domestique, p. 125.

Mariage ou chasteté ? La chasteté n'est ni impossible ni immorale. On établit, pour le prouver, les lois de la vie sexuelle (loi physiologique, loi psychologique, loi morale). Parce qu'il s'agit ici non de l'individu, mais de l'espèce, « l'intérêt capital de l'espèce exige que l'acte de la génération soit réservé à l'union conjugale ».

Henry JOLY, *Pour les Jeunes*, Bloud, 1919, signale le rôle des élites, l'importance des cercles d'études, p. 16, l'attitude à prendre devant les nécessités sociales d'après-guerre ; montre comment évolution et tradition, loin de s'exclure, s'appellent ; caractérise en des pages pénétrantes trois altérations du mysticisme : paresseux, *sensuel*, p. 96, et orgueilleux) ; donne d'excellents conseils pour l'orientation des professions dans la jeunesse de demain.

- Henri PERROY, *Cana de Galilée. Aux fiancés et aux époux chrétiens* ; brochure, Vitte. En vingt-quatre pages traité excellent de la dignité du mariage et du devoir conjugal, sous forme de dialogue entre l'Eglise et le chrétien.

Dr GOY, art. *Chasteté* dans *Dict. Apolog. de la Foi Cathol.* « La chasteté corporelle est affaire de chasteté intellectuelle, mais de chasteté intellectuelle voulue, consciente d'elle-même... » L'auteur prouve qu'il ne s'agit pas ici d'un besoin, mais d'une aptitude... Il indique, comme facteurs déplorables de l'état d'esprit qui persuade le contraire, les suggestions dégoûtantes des camarades plus âgés, et celles de la pornographie sous toutes ses formes. « L'opinion publique fait le reste, en affirmant qu'il faut que jeunesse se passe ; et la jeunesse masculine jette sa gourme, non point poussée par le vœu de la nature, mais par la curiosité malsaine. Des habitudes malsaines sont ainsi créées, la répétition de l'acte crée le besoin; il se constitue une nécessité passionnelle là où ne devrait exister qu'une fonction facultative, c'est-à-dire soumise tout entière aux décisions de la volonté ».

Et l'on sait, M. CASTILLON le rappelle dans la brochure déjà citée, que si les inclinations naturelles qui nous poussent aux actes nécessaires à notre perfection individuelle constituent une obligation morale, il n'en va pas de même de celles qui nous poussent à procurer les biens nécessaires à la société : il appartient à chacun d'y contribuer pour sa part, mais non pas (nécessairement) sous telle forme.

La morale catholique, bien comprise, ne demande pas que la natalité cesse d'être *réglée*, c'est-à-dire soumise à des prudences raisonnables. La doctrine catholique ne professe pas du tout *la fécondité illimitée*. Cette doctrine, dit fort bien M. JORDAN, « intransigeante en ce qu'elle ne comporte aucune des exceptions indulgentes de la morale mondaine, est libérale en ce qu'elle permet toujours deux solutions : obligation absolue de respecter les lois du mariage ou celles du célibat ; mais liberté de choisir entre le mariage et le célibat ; et, dans le mariage, liberté de choisir entre les relations loyales ou la continence observée par un accord mutuel ».

Il prévoit une objection, et il y répond :

Mais la continence est difficile, autrement, mais autant que la fécondité ? — Assurément. — Alors, que faut-il demander, et que peut-on espérer obtenir ? — Les deux. Je veux dire la combinaison, l'alternance, du courage de la fécondité et du courage de la continence. Ils sont également indispensables. Je n'ignore pas quelles raisons supérieures font croire qu'il est aujourd'hui plus pressé et plus à propos d'insister sur le premier. Mais en réalité il n'est pas moins nécessaire qu'une éducation sexuelle vraiment complète affirme la légitimité d'une stricte tempérance dans l'usage du mariage, en inspire la volonté, en enseigne, pour certain cas, l'obligation, en fasse prévoir la nécessité. Toute vie conjugale réglée comporte des périodes de continence, et, d'ordinaire, la continence définitive au moment où l'âge la rend plus facile sans encore l'imposer absolument. Cela afin de limiter la fécondité. Il faut le dire, dans l'intérêt de l'honnêteté conjugale, parce que l'observation sincère prouve que tôt ou tard la vie ne laisse à la plupart des époux d'autre alternative que le vice ou la continence, et parce que ceux-là seuls, en pratique, respectent les lois du mariage qui sont capables de continence ; et il faut le dire aussi dans l'intérêt du relèvement de la natalité, parce que seuls, en pratique, les milieux où sont respectées les lois du mariage donnent l'exemple d'une fécondité qui, pour être réglée, n'en sera pas moins très suffisante pour les besoins de la société.

Qu'on mette l'intransigeance là où elle doit être, dans l'interdiction absolue des fraudes conjugales; et les autres questions se résoudront d'elles-mêmes.

Mariage compromis, surtout, par la légèreté, la frivolité, la mollesse des femmes.

Dans *La Famille Française* (Perrin, 1917), M. Henri LAVEDAN souligne quelques-unes des formes que prend l'égoïsme féminin pour échapper à l'éducation forte, seule capable de préparer la femme au mariage :

La *recherche des aises*, passée en habitude ; comment l'éventualité de l'enfant serait-elle envisagée et admise ? (p. 14).

La *vie agitée et futile*, la fièvre des déplacements, obstacle aux devoirs d'assiduité et de régularité qui s'imposent à la ménagère et à la mère de famille.

Aussi, l'ennemie de l'enfant, c'est la femme (ainsi élevée).

« *Oui, c'est bien la femme, la jeune femme, la mère en puissance et en devenir, qui se trouve aujourd'hui sciemment, volontairement, un des principaux obstacles à sa raison d'être, à sa mission physique et morale, l'ennemi préventif et consécutif de son propre fruit, quand elle n'en est pas la meurtrière criminelle* » (p. 23).

Puisqu'il est certain que l'enfant, avant que de naître, dépend étroitement de celle qui sera sa mère un jour, c'est de *la moralité féminine* qu'il importe de se soucier *de bonne heure*, c'est-à-dire de l'empreinte que donnera la femme de demain à l'enfant qui sera le fruit de son âme encore plus que de son sein.

On se trompe fort si l'on imagine avoir assez fait pour cette *préparation* parce qu'on l'aura *initiée* prématurément aux secrets du mariage ; secrets que, sauf des individus particuliers, plutôt anormaux, ou sauf des dangers exceptionnels, tout l'invite à ignorer, la tranquillité de sa nature, l'absence ordinaire de tentations ou d'orages, la paix de son imagination, la limpidité de ses désirs. La véritable *préparation* consiste plutôt dans les *habitudes saines*, c'est-à-dire modestes, réservées, et pratiques, qu'on lui aura fait prendre dès l'âge où l'âme prend ses plis pour toujours. (A lire, p. 260 à 263, la jeune fille élevée au-dessus de sa condition.)

S'agit-il de la *préparation du cœur*, on lira utilement, dans *Pour les jeunes*, de Henry Joly (Bloud, 1920), p. 97 et 98, quelques pages fort justes. L'exemple de Jean-Jacques et de sa lignée, assure l'auteur, prouve à quel point il serait utile de cultiver les premiers élans de la vie, *le culte désintéressé des choses du cœur...* Et sur cette notion de l'amour, sur sa noblesse, sur ses degrés (amour conjugal entre autres), voir le savant et pieux ouvrage du P. Sertillanges : *L'Amour chrétien* (Gabalda, 1919).

Quant aux devoirs essentiels du mariage, on ne saurait trop rappeler que l'usage du mariage n'est pas une fin, mais un moyen ; — que la continence sera donc une des lois intérieures du mariage honnête ; — que la première chose à savoir, sur cette matière, c'est la vraie doctrine sur le *rôle du plaisir*. Saint François de Sales, avec ingéniosité et délicatesse, dans son *Introduction à la vie dévote*, développe une comparaison classique entre le plaisir providentiellement attaché à l'œuvre de la chair et celui de la nourriture (avec des différences capitales, que souligne le Dr SURBLED dans *L'Amour sain*, p. 193). Quiconque se marie doit le savoir, la « chasteté conjugale » est la *condition essentielle de tout mariage honnête*, parce que le plaisir, là comme partout, doit être subordonné au but, et non pas cherché pour lui-même, abstraction faite de sa fin principale (1).

Ainsi se retrouve partout la nécessité de *se vaincre ;* obligation morale, donc librement consentie ; mais obligation que l'on éludera avec empressement, et sans scrupule, si l'on n'a pas porté de bonne heure le joug sacré du Devoir.

Mgr FREPPEL, déplorant dans une Lettre pastorale sur *la Famille* les atteintes portées à la sainteté du mariage, signale comme une des fautes et des lacunes principales, l'oubli du sacrifice :

« Ne l'oublions pas, ce qui fait la grandeur et la beauté morale de la famille, c'est qu'elle repose sur le sacrifice. Il y a là deux existences qui doivent se confondre en une seule ; deux vies qui n'en font qu'une. Il y a là deux êtres qui se dévouent constamment pour un troisième ; et ce dévouement les ennoblit, les transfigure pour ainsi dire à nos yeux. Qu'est-ce qui prête, en particulier, à la mère de famille ce caractère de dignité qui l'élève au-dessus d'elle-même ? C'est qu'elle offre dans sa personne l'image vivante du sacrifice ; c'est que son nom rappelle un ministère de

(1) Les conseillers responsables trouveront dans *Le Médecin chrétien, Leçons pratiques de déontologie médicale* (MOURREAU et LAVRAND, 1901, p. 261, Lethielleux) des avis opportuns sur la continence avant et dans le mariage.

(*) *Nous omettons ici les pages 50 à 59 de la première édition, analyse et critique de la morale matrimoniale de M. Marcel PRÉVOST, particulièrement dans les Anges Gardiens. Aux tableaux sensuels de M. Marcel PRÉVOST, et à ses théories émancipatrices, nous opposerions volontiers les fines analyses de M. Paul BOURGET dans Laurence Albani, 1919, histoire d'un cœur de jeune fille qui fait son choix, roman simple, et chaste, où l'on suit avec intérêt le travail intime de discernement et de généreuse clairvoyance qui amène Laurence à ne pas se méprendre sur la valeur vraie, presque inverse de la valeur apparente ou communément admise, des deux jeunes gens qui recherchent son alliance.*

souffrances, une vie donnée au péril de la sienne propre, une existence qui se dédouble en quelque sorte, des jours, des mois, des années entières enlevées au repos, à la jeunesse, au plaisir ; des alarmes, des veilles inquiètes, des angoisses douloureuses, toutes ces choses enfin que nous environnons du plus grand honneur et du plus grand respect, parce que nous y voyons le sacrifice à sa plus haute puissance. Eh bien ! à la place de cette immolation généreuse, mettez, ce qui est trop fréquent de nos jours, les sécheresses d'une âme qui se perd dans la frivolité, qui se dissipe dans les ennuis d'une oisiveté ruineuse ; d'une âme qui ne cherche qu'à se dérober aux soucis de la vie domestique et à échapper au sacrifice par la pente du plaisir, pour laquelle tout devoir est un fardeau, toute privation un tourment ; et dites-nous ce qu'il vous restera de cet admirable composé de grâce et de pureté, de force et de tendresse, de dévouement et d'amour qu'on appelle *une mère* » (p. 280).

Nous ne pouvons omettre ici, à propos de cet « oubli du sacrifice », quelques réflexions, que d'ailleurs les circonstances nous imposent, sur les *modes*, les *danses* et les *lectures*.

On ne saurait trop rappeler que la *mode*, comme l'ajustement lui-même, est soumise à la morale ; qu'on ne s'habille pas absolument comme on veut ; et que « la lutte contre les mauvaises modes est pour les femmes catholiques un devoir religieux et social » ; ainsi l'écrivait en 1913 la baronne DE MONTENACH dans une brochure sur *Le Problème de la Mode*. (Dijon, Darantière).

Les excès manifestes survenus depuis ont alarmé l'Église, gardienne des mœurs. Rappelons l'allocution pressante de Benoît XV au Congrès de l'*Union féminine catholique* (décembre 1919) ; la *Lettre collective des Évêques de France à tous les fidèles sur leurs devoirs d'après guerre* (mars 1919) ; plusieurs directions, exhortations et *ordonnances épiscopales* considérables, Annecy, Belley, Paris (Appel aux Magasins, *Semaine Religieuse*, 17 janvier 1920), Lyon, Lille ; nous recommandons entre toutes la Lettre de Mgr Charost, évêque de Lille (1), qui énumère dans le plus beau langage les

---

(1) Aujourd'hui archevêque-coadjuteur de Rennes. — Cette Lettre a été imprimée et répandue par les soins de la *Ligue*

raisons supérieures décisives pour lesquelles la chrétienne doit s'abstenir de ce paganisme renaissant (3 janvier 1920).

Quant aux *danses* exotiques, introduites chez nous sous les noms les plus bizarres à la faveur des promiscuités de la guerre, elles sont tout à fait étrangères au bon goût de notre race, au caractère sobre, mesuré et délicat de notre civilisation, aux traditions élégantes et chastes de la vraie danse française ; elles témoignent surtout du fléchissement des mœurs, du désarroi des idées, de l'étrange fascination qu'exerce la mode, et de l'empire tyrannique imposé par le monde à ses adeptes. — Les mêmes documents épiscopaux rappelés plus haut les flétrissent et les condamnent (quelques-unes nommément, les autres implicitement quand elles s'inspirent des mêmes thèmes lascifs ; la réprobation du droit naturel précède d'ailleurs en pareil cas toute prohibition positive, et la condamnation intimée par la conscience devance la sanction de l'autorité religieuse). — La Lettre de Mgr l'Évêque de Lille insiste sur l'ignominie de ces figures rythmiques, sur le virus païen que recèlent ces frénésies, sur le scandale permanent qu'elles entretiennent au sein de la société chrétienne :

« Qu'on édulcore, si l'on peut, cette greffe barbare, et qu'on en corrige plus ou moins savamment l'impudeur native ! Aussitôt qu'elle rencontrera un tempérament propice, elle reprendra son feu et sa violence naturelle. Elle est le virus de la chair païenne, pénétrant dans un organisme social qu'avaient façonné dix-sept siècles de spiritualisme chrétien et de dignité morale. Elle est plus que la révolte — dont aucun âge chrétien ne fut exempt — elle est, au fond, et par tendance, l'anarchie de l'instinct, repoussant les

---

pudeurs et les disciplines qui ne sont que l'application, faite par l'âme à son corps, de la loi morale éternelle » (1).

Aucune échappatoire n'est laissée d'ailleurs aux âmes assez peu loyales pour chercher à éluder cet avis :

« Ce qu'on appelle « l'interprétation convenable » de ces danses inconvenantes, n'est qu'un passe-port qui leur est donné pour pénétrer dans la société chrétienne. L'expérience et l'aveu des personnes du monde qui savent observer et qui sont les moins suspectes de rigorisme, mettent hors de doute que cette soi-disant « interprétation » n'a aucune efficacité pour neutraliser dans les natures impressionnables, la tendance native et perverse de cet exotisme de mauvais aloi. Elle n'est qu'un détour artificiel et irrecevable pour une conscience droite...

« On ne donnerait à ces danses qu'un alibi aussi peu honorable qu'elles, si, après une interruption provisoire, elles reprenaient cours, sous d'autres noms. Il n'y aurait qu'un péché de plus ajouté à celui de la transgression, le péché d'hypocrisie. »

Enfin, l'influence des *lectures* sur la femme ne saurait être, semble-t-il, exagérée. Plus que l'homme, elle dépend des auteurs qu'elle lit, et du genre d'ouvrages qui sont entre ses mains (2) ; plus émotive, elle a plus de peine à se défendre des charmes dangereux du roman. — M. René Doumic, dans *Écrivains d'aujourd'hui* (étude sur Paul Bourget), 2° série, p. 35 à 41 (Perrin, 1914), montre à merveille comment la femme, au sortir de ces lectures capiteuses, sera toute prête à tenter les expériences passionnelles auxquelles la con-

----

(1) Et c'est à la Croix que Monseigneur Charost conduit la chrétienne, pour l'amener à comprendre que ces « figures » sont « une réplique et une revanche de l'esprit du mal contre le Sauveur, dont les accablements avaient abattu son pouvoir ».

(2) Qu'on nous permette de signaler ici notre brochure *Nos Lectures* (Romans-Revue), et l'importante revue *Guide des Lectures* (abbé Bethléem, directeur, 5. rue Saint-Pierre. Lille). — Nous analysons dans l'*Interdiocésaine* (septembre 1920) une communication importante du R. P. Grimm à la *Société bibliogr.* sur *les lectures de la femme.*

duira, à son insu le plus souvent, le rêve indolent ou
sensuel qu'elle vient de vivre (1).

Nous conseillons aussi *Les Devoirs d'aujourd'hui*, Causeries
morales à de jeunes travailleuses (*Action Populaire*) ; parmi ces
propos pleins de sens, une causerie excellente sur la Lecture,
notamment sur le livre que la jeune fille ne doit pas lire ; —
J. CALVET, *Pour refaire la France*, t. 2 (Beauchesne), *Le renou-
vellement intérieur*, ch. XI, *La Réflexion et la Lecture* ; —
puis, surtout, M.-S. GILLET, o. p., *L'Eglise et la Famille* :
l'auteur, énumérant les causes morales de la dépopulation
(2e partie de l'ouvrage), déplore le sans-gêne de nos mœurs
littéraires, romans théâtres ; « là où le théâtre n'existe pas,
ajoute-t-il, le cinéma le remplace avantageusement — c'est une
manière de dire ; et là où le cinéma fait défaut, l'Illustration
théâtrale se charge de prolonger jusque dans les meilleures
familles, « sous les yeux des *jeunes filles bien élevées*, avec l'assentiment des parents, son œuvre lente et méthodique de démo-
ralisation » (p. 154-157) ; — enfin, P. BUREAU, *L'Indiscipline des
mœurs*, 1re p., ch. 3.

B) *L'irréligion* tue la famille (2), aussi sûrement que
le vice. Posons les termes d'un dilemme qui le prouvera.

Ou l'homme et la femme s'accorderont à dédaigner la
religion, à la négliger tout au moins, ce qui revient au
mépris ; et alors, on cherche en vain quelle consistance
aura leur union ; elle ne persistera que par une sorte
d'inconséquence, coutumière à l'homme, celle qui nous
empêche heureusement d'aller toujours aussi loin que

---

(1) « Les femmes sont incapables de lire avec désintéressement ; elles rapportent tout à elles-mêmes et vivent pour leur
compte les aventures qu'imagine le romancier. Celle-ci, au
moment qu'elle ferme le livre, vient de faire en esprit une expérience qui facilitera singulièrement les autres » (p. 41).

(2) L'histoire de Charles Péguy, universitaire converti, prouve
à quel point l'homme peut subir la tyrannie domestique quand
un choix imprudent l'attache au sort d'une épouse sans religion,
qui s'interdit tout repentir. — Voir Louis DES BRANDES, *Etudes*,
5 mars 1919, *Ch. Péguy, raconté par un témoin de sa vie* (ce
témoin, c'est Dan. Halévy, dans *Ch. Péguy et les Cahiers de la
Quinzaine*, Payot, 1918) ; et Mgr BATIFFOL, dans la Préface à
Joseph Lotte, de P. PACARY.

nos principes ; ou peut-être plutôt par cette influence obstinée du christianisme latent, de la religion antique et ambiante, qui rend meilleurs que leur volonté même certaines gens élevés en pays depuis longtemps chrétiens.

Ou bien les deux époux, unis pour le reste, seront séparés par toute la question religieuse. J'ai déjà dit quel malheur ce sera pour celui, pour ceux, qui doivent naître de cette union. L'union n'a existé qu'un jour ; cet homme, cette femme, se sont ressemblés quelques heures, devant le prêtre où un reste de religion pressait le mari de se rendre pour la bénédiction nuptiale, mais cette bénédiction terminée, la cérémonie faite, l'entente cessait, et pour toujours. Où est ici le foyer ? Où vivra l'enfant ? De qui recevra-t-il l'aliment de sa pensée, tous les appuis moraux sans lesquels il risque de s'égarer et de mourir ? Cet enfant n'a pas de maison ; c'est à peine s'il a un nom. Cet enfant n'a pas de parents.

Il n'est assurément pas impossible, il n'est même pas difficile de sauver les apparences ; et s'il ne s'agissait que d'une « religion de façade », l'irréligion serait plus rare ; l'abstention se comprendrait moins. Dans *La Barrière*, M. René Bazin a mis en scène, avec beaucoup de vérité, ce genre de religion. Félicien, l'enfant devenu jeune homme, en est victime ; l'union qu'il souhaite, avec Marie Limerel qui l'aime et qui accepterait, n'est pas possible :

« Marie, je ne puis prier que toi ; je ne crois plus ». Et ils se regardèrent, tout près, les yeux dans les yeux, les âmes se voyant. Il vit la douleur, il vit aussi l'abîme, il vit la vierge forte, la foi vivante qui disait non... Brusquement, il se détourna... »

Mais en se détournant, il devait, c'était dans la logique des choses, faire savoir à ses parents, premiers auteurs du méfait, toute sa souffrance, et toute sa révolte. La mère, comprenant douloureusement toute la vérité du reproche, s'en explique à son tour, avec une énergie d'accents et de paroles qu'elle ne s'était jamais connue :

« — Nous ne sommes pas les chrétiens que nous paraissons être. Quand toutes nos fantaisies sont satisfaites, nos ambitions préservées ou pourvues, notre fortune à l'abri, ce qui subsiste de la religion qu'on a sacrifiée à tout cela, nous l'appelons religion, christianisme, principes. Quelle est la vérité qui n'a pas été attaquée chez nous, en effet, et quelle est celle qui a été sérieusement défendue ?... Religion de façade, religion du dimanche dont on fait bon marché pendant la semaine ; religion du jour dont on ne se souvient pas la nuit... »

Et, poursuivant son réquisitoire avec âpreté, l'épouse ajoute ces mots sévères, mais justes, qui l'accusent elle-même :

« — Je pense que si nous avions été des chrétiens, nous aurions d'autres enfants. Quand j'ai vu Félicien nous quitter tout à l'heure, j'ai pensé : C'est le châtiment... Je suis complice, mais l'auteur c'est vous ; le vrai coupable c'est vous. Je vois se lever contre nous les âmes qui auraient pu naître, qui devaient naître, et qui ne sont pas nées, et qui nous condamnent dans celui qui a reçu la naissance privilégiée... Si l'on me disait qu'il y a du meurtre entre nous, je ne saurais que répondre. Nous avons diminué volontairement le nombre des justes, et Dieu frappe... »

c) *Les complicités conjugales*, en effet, ne sont pas une excuse ; elles reportent sur deux volontés, qui devaient s'affermir l'une par l'autre et se soutenir dans le devoir commun, la responsabilité de l'œuvre malsaine. Je ne vois plus deux époux associés pour une même tâche sacrée où chacun, généreusement, met du sien dans le sacrifice ; je vois *des complices*, qui passent ensemble une convention impie, tacite ou expresse, n'importe, et qui s'accordent pour accomplir une mauvaise action (1).

____

(1) « Lorsqu'il ne violente pas la conscience de sa compagne chrétienne, le mari onaniste la démoralise manifestement et la prépare pour toutes les infidélités ». Dr LAVRAND, *Le Médecin chrétien*, p. 265 (Lethielleux). — L'auteur indique les ressources dont dispose le médecin chrétien pour écarter des ménages la plaie de l'onanisme.

L'*attentat*, pour être partagé, n'en est pas moins grave : attentat contre la Providence dont on néglige ou frustre le dessein ; attentat contre l'Eglise, dont on paralyse ou diminue l'œuvre salutaire ; attentat contre la Patrie, dont on restreint les ressources, dont on amoindrit l'influence et l'honneur ; attentat contre la Nature, dont on fausse ou dédaigne le vœu ; attentat que Dieu punirait assez en le laissant à ses propres conséquences, par le prompt dépérissement d'une race ; attentat qui met de la tristesse au foyer, avec je ne sais quel besoin ignominieux de compensations occultes qui achève de désorganiser la famille par l'adultère toléré ou encouragé ; attentat qui tue le reste de religion pratique par où pourrait se relever un peuple, ajoutant ainsi au fléau lui-même le mal plus dommageable d'une situation sans remède.

Le *remède*, tout le monde le cherche ; c'est à qui proposera le meilleur. Recherche stérile, et vains expédients, si l'on ne parvient pas à restaurer, dans les familles, et jusqu'au sanctuaire intime de la conscience, d'où procède la volonté du devoir concerté entre époux, la dignité inviolable de la conscience chrétienne. Le reste, G. DEHERME positiviste l'a dit avec raison dans *Croître ou disparaître*, ce sont des « expédients de Gribouille ».

M. JENOUVRIER, dans une courte étude sur cet angoissant sujet, n'est pas moins explicite :

« Il faut donner au père de famille une plus grande liberté testamentaire. Je n'irai pas aussi loin que certains qui demandent la suppression de toute réserve et une liberté absolue de tester, mais je voudrais que la quotité disponible fût augmentée et qu'en tout cas le père de famille pût distribuer sa fortune entre ses enfants sans être tenu, comme aujourd'hui, à faire entrer dans chaque lot, en quantités à peu près égales, des biens de même nature, ce qui, souvent, nécessite la vente des immeubles importants et des industries.

Mais fît-on ce qu'on ne fait pas : emploierait-on plus utilement les centaines de millions, ou gaspillés dans des dépenses improductives, ou employés à rémunérer des fonctionnaires chaque jour plus nombreux et toujours plus inutiles ; donnerait-on au père une liberté testamentaire plus grande, tout cela serait insuffisant ; ce qu'il faut, sous peine d'une faillite certaine, c'est rétablir ce qu'on a ruiné, et mettre à la base de l'éducation des générations nouvelles, la croyance en un Dieu créateur, législateur et juge. Sans cela, l'édifice sera sans fondement, il s'écroulera à la première tempête. Un homme qui, certes, n'était pas suspect, mon ancien collègue, le docteur Lannelongue, était contraint de le proclamer quand il disait à propos de la question qui nous sollicite : « Aux moutards qui viennent user leurs culottes sur les bancs de l'École primaire, l'instituteur ne parle plus du Dieu devant lequel leurs parents s'agenouillent, mais il leur parle, en termes émus, de la caisse d'épargne, notamment de la caisse scolaire. »

Non, l'instituteur, au moins l'instituteur public, ne parle pas à ses élèves de Dieu. Comment s'étonner après cela de ce qui arrive ? Ce n'est pas en parlant aux enfants, même en termes émus, de la caisse d'épargne et de la caisse scolaire qu'on apprendra aux citoyens de demain à obéir à la loi sainte qui nous oblige à avoir des enfants, à nous imposer les sacrifices, parfois lourds, de la paternité, à repousser l'isolement du foyer et à donner à la patrie les citoyens dont elle a besoin. Tout se tient, dans une dépendance et une harmonie nécessaires. Tous les droits, comme tous les principes, sont solidaires les uns des autres ; si vous touchez à l'un d'eux, les autres tombent et s'écroulent.

Que les pouvoirs publics rappellent, s'ils le peuvent et s'ils l'osent, aux maîtres de l'École primaire, quel doit être leur rôle, trop souvent méconnu, et qu'au besoin ils le leur apprennent. Depuis quelques années, ils ont ouvert des milliers d'écoles, dans lesquelles on a fait pénétrer tous les enseignements, pour les donner libéralement, gratuitement ; parfois même on paie ceux qui viennent les recevoir. Ils ont rédigé des programmes et institué des concours ; mais nul ne s'est inquiété de l'éducation, elle a été oubliée. Occupés à former des maîtres instruits, ils n'ont pas eu le souci de faire des éducateurs. Dans aucune école normale, on ne trouve un programme d'éducation, si bien qu'il apparaît que pour tous ces hommes, sous l'autorité desquels passent les générations d'enfants qui en garderont une empreinte ineffaçable, la destinée de l'homme est de naître sans cause, de vivre sans autre but que de gagner de l'argent et de mourir sans destinée.

Voilà la première, la plus urgente et la plus nécessaire des réformes. Il faut absolument, sous peine de ruine nationale, que les enfants de France apprennent qu'il y a dans la vie autre chose que le souci matériel et les plaisirs grossiers. Il faut que les maîtres s'appliquent à élever les âmes qui leur sont confiées, à les tenir toujours dressées vers les choses d'en haut, et à les arracher aux forces terrestres qui tendent à les asservir et à les matérialiser ; enfin à leur apprendre le devoir comme la loi même de Dieu, afin de les soutenir dans le combat inévitable contre le mal.

En dehors de cela, rien ne sera fait d'efficace et la déchéance de la patrie ne fera que s'accentuer » (1).

DÉPOPULATION

Il n'existe pas de question plus angoissante pour la France que celle de la Dépopulation. On sait que, dans 67 départements français, la mortalité dépasse la natalité, que dans 22 départements seulement la natalité l'emporte. Une statistique publiée par M. J. Bertillon (*Petit Journal*, reproduite par la *R. Prat. d'Ap.*, 1er nov. 1919) dénonce, pour 1918, deux fois plus de morts que de naissances. Dans la *Famille Française* (Perrin, 1917), M. Henri Lavedan souhaite que soit affiché partout le tableau comparatif, d'une éloquence terrible, du nombre décroissant des naissances françaises par 1.000 habitants depuis quarante ans (p. 8). Les dernières précisions, avec l'ensemble de la question, sont données dans *La France veut vivre*, tract de l'*Action Populaire* (P. Croizier), tableau saisissant, et document capital.

Rappelons, avec un peu d'analyse pour les plus récents, quelques ouvrages (ou brochures) à connaître et à faire connaître :

Card. Mercier, *Les Devoirs de la vie conjugale*, Lettre 1909, (tirée à part, Giard, rue Royale, Lille.)

---

(1) *Le Correspondant*, 25 avril 1913.

Mgr Chollet, *Le fléau de la dépopulation*, 1913.

Mgr Gibier, *Le fléau de la dépopulation*, Lethielleux.

Card. Maurin, *La Famille*, Mandement, 1920.

Pour l'honnêteté conjugale (Card. Mercier, *Les devoirs de la vie conjugale* ; Vermeersch, *L'enfant dans les classes dirigeantes* ; Desplats, *De la dépopulation par l'infécondité voulue*, Bruxelles, 1911).

R. Plus et A. Bessières, *L'Unique*, Lethielleux.

J. Verdier, *Le Problème de la Natalité et la Morale chrétienne*, Beauchesne.

Maur. de Ganay, *La France qui meurt* (Tract. Action Populaire).

Vuillermet, o. p., *Le suicide d'une race*, Lethielleux.

Du même, *La mobilisation des berceaux.*

Chan. Mourreau et Doct. Lavrand, *Le Médecin chrétien*, Lethielleux, p. 265. Des fraudes dans le mariage.

J. Bertillon, *La dépopulation en France*, Alcan, 1911.

G. Deherme, *Croître ou disparaître*, Perrin, 1914.

G. Callon, *L'effondrement de la natalité française*, Beauchesne, 1918.

E. Jordan, *Contre la dépopulation*, Bloud, 1917.

Du même, *Natalité et dépopulation*, 10ᵉ Congrès, Paris, 1914.

Dr Dauchez, *La France repeuplée par les catholiques pratiquants* (rue Duplessis, Versailles).

Les Propos de Vitalis, édités par « Frères d'Armes », 14, rue d'Assas (1).

Marquis de Roux, *L'Etat et la Natalité* (Nouv. Libr. Nat.). Mesures législatives : répression des propagandes criminelles, encouragements aux familles nombreuses, statut de la famille et du travail, réformes du régime successoral, etc. (Voir *Revue du Clergé Français*, 1ᵉʳ janv. 1919.)

Rapports présentés au Congrès de Nancy (Congrès National de la Natalité et de la Population, 25-28 sept. 1919) par la *Commission d'Action religieuse catholique* ; en vente au Secrétariat de l'Association du Mariage chrétien, 86, rue de Gergovie, Paris (14ᵉ).

Fénelon Gibon, *La perversion des mœurs et le remède capital.* Préface par le Dr Le Fur (70 bis, rue Dutot, Paris, 15ᵉ).

Yves de la Brière, *Les luttes présente de l'Eglise*, 4ᵉ série (janvier 1916-décembre 1917) ; — rappelle la tâche considérable

---

(1) Voir *Revue des Lectures* (rue de Vaugirard, 77, Paris, 6ᵉ), 15 avril 1920, bibliographie considérable sur le sujet présent et sur la famille.

accomplie par *La Plus Grande Famille* ; indique les remèdes aux maux dont nous souffrons : — Action religieuse (hommage de M. Etienne Lamy à l'influence de la vraie religion dans la fondation qu'il a faite à l'Institut, p. 442) (1) ; — action sociale

---

(1) Il existe d'autres fondations : Cognacq, Cachère, administrées par l'Académie.

A parler en général, et sans blâmer les initiatives courageuses, d'où qu'elles viennent, il faut bien reconnaître, avec M. Fr. Masson, que ce sont là des « procédés empiriques » et des « expédients légaux », et conclure avec lui par ces lignes significatives :

« La chambre nuptiale est mystérieuse et doit demeurer sacrée. C'est là, dans une croyance commune, que l'acte divin doit s'accomplir. Il comporte chez les deux êtres des convictions pareilles, et vraiment ce ne sont pas les vingt-cinq louis de la prime qui tinteront à leurs oreilles ; ce ne sera pas une misérable question d'argent qui éveillera leurs sens, ce sera quelque chose d'un peu supérieur tout de même : la communion dans l'amour, la confiance aux destinées supérieures la conviction qu'on atteint ici, par la création inconsciente, l'essence même et la loi de l'espèce, sa perpétuation et son immortalité ».

Toutefois, ce « quelque chose d'un peu supérieur », combien de publicistes, si généreux serviteurs qu'ils soient de l'idéal, se contentent de le définir par des mots à effet, c'est-à-dire de ne pas le définir du tout !

C'est à propos de ces propagandes et de ces pratiques que M. Frédéric Masson écrivait :

« Plutôt que de rechercher des primes à la naissance, qu'on assure par des lois appliquées sérieusement la répression des doctrines d'avortement qu'on appelle avec des airs scientifiques *néo-malthusiennes* et où on justifie le droit de la femme à l'avortement par d'étonnants exemples tirés en particulier de la progression des générations des mouches, qui à la quatrième atteindraient 3 370.000.

Il y a des lois qui répriment de telles publications, mais ces lois sont incomplètes et insignifiantes, telle la loi du 2 août 1882, modifiée par les lois du 16 mars 1898. et du 7 avril 1908. Une suite d'arrêts de la Cour de cassation ont condamné l'interprétation qu'avaient adoptée les tribunaux « en observant que, pour tomber sous l'application de la loi, l'annonce ne devait pas être seulement immorale dans son but, qu'elle devait l'être *dans les termes* ». Il y a des jours où l'on est gai à la Cour suprême ».

Il existe une littérature anticonceptionnelle contre laquelle on ne saurait trop agir. On lit à ce propos dans l'*Assistance mutuelle* (4e trimestre 1910) quelques révélations utiles à recueillir :

« Il y a à Paris des imprimeries, des librairies, des papeteries qui ne vivent que de cette propagande, qui ne vendent que des livres, des brochures et des journaux destinés à cette propagande, qui combattent « la pudibonderie ridicule qui, sous le manteau de la pudeur, sévit dans l'Occident civilisé ». On peut se demander quel est le point de départ de cette campagne contre la natalité : c'est, il semble bien, la haine contre les religions : « De nos jours, dit un auteur dont l'œuvre principale atteignait, en 1912, sa dixième édition, de nos jours, les grandes cités d'Europe, parsemées d'églises, de synagogues et de temples, sont des foyers de luxure, des

(éloge des Journées familiales de *La Plus Grande Famille* et des Ligues analogues) ; — action législative.

M. S. GILLET, *L'Église et la Famille*. Population, Dépopulation, Repopulation. Desclée, 1917. L'ouvrage du P. DE LA BRIÈRE, que nous venons de citer, rend compte des meilleures parties de ce volume, que nous signalons nous-mêmes plusieurs fois ici.

Mgr GIBIER, *Les berceaux vides*. Le mal et le remède. Lethielleux. — Étude remplie de faits et de témoignages sur les conséquences de la dépopulation au point de vue familial, national, religieux.

Parmi les causes : perversion des *lois* (divorce, p. 79) ; propagandes, publications et pratiques (p. 77). Perversion plus grave des *mœurs* ; on veut amasser, paraître, jouir. — Et surtout perversion des *consciences*.

Les remèdes existent : *législation* à remanier ; *opinion* à former ; *religion* à promouvoir.

Indiquons aussi, en passant, dans *La Presse médicale* (Direct. M. DE LA PERSONNE ; administr. 120, boulev. Saint-Germain), un article de M. Georges VITOUX, 31 juillet 1919, mise au point de son précédent article du 26 juin 1919, sous le titre : *Une loi infâme*, à propos de l'audacieuse proposition du socialiste Velti au Grand Conseil de Bâle (industrie cynique de l'avortement). M. Georges VITOUX flétrit « cette corporation de malfaiteurs, qui sont les véritables auteurs de l'abaissement de la natalité en notre pays, et qui, par suite et en dernière analyse, auront été ainsi les véritables artisans de la guerre que nous venons de subir ».

---

centres de prostitution qui, sous les apparences d'une fausse respectabilité, nous rappellent, avec la beauté en moins, Athènes, Corinthe et Alexandrie, souvent même Sodome et Lesbos ». C'est pourquoi l'auteur a entrepris l'éducation sexuelle de la nation. « Il est urgent surtout dit-il, d'enseigner aux femmes qu'elles sont libres d'être mères, que la maternité n'est jamais un devoir envers la société... »

« Il énumère ensuite ses enseignements dans seize chapitres, où des figures schématiques viennent appuyer un texte d'autant plus répugnant qu'il a la prétention d'être poétique et fleuri. Les conseils s'y succèdent pour arrêter la conception et supprimer la natalité, et si ce volume acheté au milieu de plusieurs centaines du même genre, coûtait net 2 fr. 50, il y en avait d'autres à tous les prix, depuis 25 centimes. Il y avait des journaux à 10 centimes, où les mêmes théories étaient développées et les mêmes conseils offerts. Une sorte d'étrange mysticisme poussait les auteurs de cette propagande contre la natalité. Il semble qu'on veuille, comme dans certaines sectes russes, abolir la nation, abolir les peuples, faire ainsi dans le néant disparaître l'humanité. »

Plus rien ne reste à dire sur ce navrant sujet après le magistral réquisitoire de M. Paul BUREAU dans l'*Indiscipline des mœurs*, p. 169 et suiv.

Mgr CHESNELONG, *La Natalité et le devoir des catholiques* (Mandement 1920), signale l'effondrement de la natalité française et ses conséquences ; le désordre des mœurs, certain désordre surtout, qui en est la cause ; les lois chrétiennes qui condamnent ces fautes ; les secours que la religion offre aux époux ; le bonheur qui récompense leur sacrifice ; l'obligation qui nous incombe à tous de rendre leur tâche moins austère. — Document de première valeur.

Mgr DE GIBERGUES, *La Crise de la Natalité devant la conscience catholique*, brochure, Téqui, 1919. C'est comme le testament du savant et pieux évêque de Valence : exposé vigoureux et chaude exhortation (1) ; le mal, puis les remèdes, ou plutôt le remède, l'obéissance au commandement du Créateur. La gravité de l'onanisme conjugal est indiquée avec beaucoup de force : péché contre Dieu, péché contre la France, péché contre le prochain...

Paul BUREAU, *L'Indiscipline des mœurs* (Bloud, 1920), qui semble bien épuiser la question. — Nous l'avons analysé plus haut.

Henri LAVEDAN, *La famille française*, Perrin, 1917. Précieux ouvrage, qu'on ne saurait trop répandre. Il indique *le fait*, une effarante décroissance. Il remonte aux *causes* : égoïsme qui fait « qu'on s'arrange », p. 12 ; exigence des aises, p. 14 ; fièvre des déplacements : pas de gêne, « pas de poids lourd » ; — puis, la façon dont on élève les femmes, certaine moralité féminine ennemie de l'enfant ; — la préoccupation excessive de la dot ; dans les classes aisées, l'énervement du luxe, dans les classes pauvres l'insuffisance du logement ; — l'exode vers les villes loin de la terre (un très bon chapitre 17e); l'alcoolisme ; — une hygiène infantile insuffisante (allaitement maternel, contrôle sanitaire, p. 197), autant de remarques judicieuses appuyées de faits. L'auteur rend hommage aux efforts déjà faits, notamment par les Ligues de familles nombreuses (2).

---

(1) Nous l'analysons dans l'*Interdiocésaine*, bulletin sacerdotal de l'Œuvre des Campagnes, 2, rue de la Planche, Paris, 7e, déc. 1919.

(2) Nous les rappelons ici : *La Ligue des pères de familles nombreuses*, cap. ALAIRE, 1908, publie la *Ligue des familles nombreuses*, rue d'Enghien, 88, Paris ; — *La Plus Grande Famille* Aug. ISAAC, 24, rue Mont-Thabor, publie le bulletin de ce nom ; — *Pour la Vie* (Paul BUREAU et G. ROSSIGNOL), bulletin du même titre, 32, rue Madame ; — *L'Alliance nationale pour l'accroissement de la population française*, M. BERTILLON, publie le *Bulletin de l'Alliance Nationale*, rue Vivienne, 10, Paris.

Il indique, dans une 3e partie, les *remèdes* : législatifs, matériels, moraux. — *Législatifs :* réforme des lois de succession, p. 203 ; vote plural ou plutôt modalité du vote qui élèvera, qui ennoblira le suffrage universel, p. 207-209 ; dégrèvement des impôts ; diminution des servitudes ; relèvement de la natalité dans nos colonies. — *Matériels :* vues très intéressantes sur l'habitat ; propreté, hygiène; rôle des coopératives. Gymnastique de la femme, pour entraver la petitesse de la race : tout ce chapitre 25 est riche d'aperçus. — *Moraux* enfin : rôle du devoir, p. 252; concours et action de tous, surtout du clergé, p. 274 : c'est la Religion qui fonde le devoir, et qui donne au devoir son efficacité impérative dans la conscience (p. 279-286).

G. ROSSIGNOL (Roger DEBURY). *Un pays de célibataires et de fils uniques.* Delagrave, 1917, 6e édit. (1re en 1896 ; 2e en 1913). Livre original et savoureux, malgré des idées contestables.

La cause de la guerre, c'est la dépopulation. La France, sauvée grâce à un magnifique réveil des vertus ancestrales, va se remettre à créer des vivants.

Faiblesse de la natalité, p. 1-14. Conséquence : une décadence. L'agent actif de cette décadence, c'est le *célibataire* (valeur sociale médiocre) et le *fils unique* (p. 29-33).

Cause de ce mal : *la volonté des Français* ; les célibataires, ou les parents malthusiens.

L'auteur ne fait qu'une allusion à la force religieuse : « il se. peut que les croyances religieuses soient seules capables de donner une complète solution au problème qui nous angoisse », p. 100 ; il s'agit en effet d'actionner des volontés ; mais il se récuse, tout en affirmant que cette omission n'est pas une forme du mépris. Il se propose de son côté divers moyens. C'est tout le reste de l'ouvrage : un programme qu'il développe : motifs à faire valoir, Intérêt, Patriotisme ; moyens à employer, Littérature, Presse, Lois, Administration, Organisation du fonctionnarisme, Politique extérieure, Colonies ; partout des vues très neuves.

Signalons surtout le chap. 5, *L'intérêt de l'individu lui conseille les familles nombreuses*, où il répond à merveille aux objections féminines : maternités douloureuses, perte de la beauté, etc. ; — et le chap. 6, *Patriotisme à entretenir.*

La conclusion, qui revient partout, c'est qu' « il faut se marier et avoir au moins trois ou quatre enfants ». Conclusion excellente, pourvu qu'il soit bien entendu qu'en la formulant, et en insistant sur le mot de « famille normale » par lequel on la définit, on ne risque pas de substituer, comme a dit M. JORDAN dans une formule heureuse, *le faux devoir du 3e enfant* au devoir vrai, qui est d'avoir autant d'enfants qu'il plaît à Dieu d'en donner ou de garder la continence dans le mariage. Cette remarque a son prix. (1)

L'auteur insiste avec raison sur le *Devoir des écrivains*, ch. 7° (romans, théâtres, gravures, journaux, p. 188), et sur le rôle important de l'Etat dans la répression de cette pourriture littéraire ». — De même, par rapport à l'alcoolisme (résultats effroyables, p. 215 à 223). Il recommande l'adoption du *vote familial* et *l'impôt sur le célibat*.

Le célibat

Ce dernier sujet, *le célibat*, appelle ici quelques réflexions sommaires. On éprouve quelque gêne en constatant avec quel excès de confiance naïve certaines gens pensent trouver dans l'impôt sur le célibat un moyen très efficace de promouvoir la natalité... De cet impôt ne disons pas de mal : un législateur fait ce qu'il peut. Mais un homme résolu à éviter les charges du mariage par calcul égoïste hésitera-t-il entre un impôt à payer et les charges plus *lourdes* de l'union conjugale ? Ou bien trouvera-t-il, une fois marié, dans le mariage qu'il a consenti une raison suffisante pour se donner beaucoup d'enfants ?

Toutefois, ce que l'on doit surtout regretter, c'est que le célibat, ainsi présenté, ne comporte aucune distinction. Le célibat sacerdotal et religieux devrait être mis à part : il se justifie par des motifs qui ne permettent pas de l'assimiler à tout autre célibat. — Lire, sur cette question, la brochure du P. Henri Auffroy, *Le célibat des Prêtres* (Action Populaire, série religieuse, n° 8) ; Vacandard, *Dict. de théol. cathol.*, art. Célibat. Le P. Gillet, dans *l'Eglise et la Famille*, montre que, même au seul point de vue social, le célibat religieux mérite un hommage, parce que le bien de la société s'entretient surtout et s'amplifie par la moralité de ses membres ; or, cette moralité est relevée et stimulée par l'exemple du renoncement. Cette dernière remarque sera bien comprise si, avec M. Jordan, professeur à la Sorbonne, on insiste sur la vraie donnée du problème, c'est-à-dire sur la nécessité de se restreindre qui est de mise dans le mariage pour le traiter dignement et pour ne pas le frustrer de sa fin :

---

(1) C'est donc à dessein que, pour éviter toute confusion, nous écartons du présent ouvrage l'expression *famille normale*. *Famille moyenne*, que nous lui substituons, écarte résolument toute idée de détermination numérique dans une matière où nulle *norme* ne doit être imaginée ni fixée, parce que ni le vœu ni les lois de la nature ne permettent d'en établir une.

« La vie place tous les jours les époux dans une situation qui n'admet que trois solutions : ou violer les lois du mariage, ou accepter plus d'enfants que n'en comportent soit la santé de la mère (soit les ressources du ménage), appréciées en toute sincérité, ou enfin pratiquer la continence (1).

« La première étant repoussée par la morale et la seconde par le bon sens, reste seulement la troisième. La continence a sa place indispensable dans toute vie conjugale réglée. De l'énergie avec laquelle on saura la pratiquer quand il faudra dépend l'observation de la morale conjugale, sans laquelle, d'autre part, la natalité tombera forcément. C'est à peine donner à la vérité une tournure paradoxale que de dire que la pratique de la continence est la condition de la fécondité. »

M. Lavedan, — qu'on le remarque, — n'est pas moins affirmatif dans *La Famille française*. Limités par le soin de la petite famille, les prêtres pourraient-ils avec autant de sollicitude se consacrer au soulagement de la grande ? p. 82. Le devoir d'expansion humaine, le prêtre et le religieux le remplissent d'une autre manière que les époux, mais plus et mieux. Oubliera-t-on la bienfaisance sociale qui accompagne partout leur action ? (p. 85). Pour tout dire, « le prêtre a besoin de la chasteté. Elle est son irrésistible prestige, et l'opinion publique, en dehors de tout sentiment religieux, la veut, l'exige de lui avec une impitoyable sévérité » (p. 86).

A vrai dire, l'obstacle à la repopulation n'est pas tant le célibat que l'égoïsme, qui, pouvant se trouver partout, sera plus odieux que partout sous le voile honorable du mariage chez les personnes mariées qui se restreignent par lâcheté. Ce qu'il faut, c'est non pas plus de mariages, mais des mariages plus féconds. Le seront-ils si le devoir conjugal

---

(1) Nous avons mis entre parenthèses, dans ce texte, *soit les ressources du ménage*. Même interprété avec la parfaite *sincérité* que souhaite l'auteur, ce motif n'est pas de ceux qui doivent exercer sur les résolutions *abstentionnelles* une influence déterminante et définitive. Sur ces *calculs* minutieusement exacts, la *confiance en la Providence* prévaudra chez les époux chrétiens : aucun théologien autorisé ne verra dans ces supputations, même loyales, une nécessité de se restreindre, encore moins un devoir de s'abstenir. La seconde des hypothèses formulées par M. Jordan n'en reste pas moins exacte : il n'est pas chimérique de penser que, en certains cas, un *péril réel et grave* puisse obliger les époux à se demander — le médecin, le confesseur surtout les aideront de leurs conseils — si le devoir conjugal s'étend jusqu'au devoir de s'exposer à tel danger certain.

n'est ni compris ni admis ? Qui le fera comprendre mieux que le prêtre ? (1)

Mgr D'HULST a tout dit, en peu de mots, dans les lignes suivantes :

« La question du célibat qu'on affecte de mêler à celle de la dépopulation n'a rien à voir avec elle. Nous en avons indiqué deux preuves péremptoires, l'une expérimentale et l'autre de raison.

« Aux époques où le célibat religieux était le plus fréquent, dans les contrées où encore aujourd'hui il est le plus en honneur, la natalité était et reste plus forte. Voilà la preuve d'expérience.

« Et la raison éclairée par la foi nous dit que, la vraie cause de la stérilité du mariage étant l'égoïsme, tout ce qui favorise le renoncement développe dans la société une tendance morale qui profite à la fécondité. Il y a un rayonnement de la virginité sur le mariage. Dans une famille pénétrée de l'esprit chrétien, il y aura toujours un ou plusieurs enfants qui renonceront aux joies de la famille pour se donner à Dieu, et leurs frères et sœurs porteront dans le mariage les dispositions généreuses qui rendront leurs unions fécondes. » (*Conférences*, 1894, p. 418, note.)

****

LA RELIGION

Que fait donc ici la Religion ? et que peut-elle ? Presque tout, quand elle est comprise, acceptée, pratiquée non pas au minimum, mais dans toute sa précision, avec la prière assidue, avec l'Eucharistie fréquente, même quotidienne, avec les industries et les efforts d'un ascétisme militant.

Ce qu'elle fait ? Elle inspire à l'homme la crainte de Dieu, crainte de l'offenser, crainte de l'irriter ; elle inculque l'horreur du péché, et de tout ce qui y conduit.

----

(1) M. Paul BUREAU rend un magnifique hommage au célibat religieux dans *L'Indiscipline des mœurs*, 3ᵉ pᵗⁱᵉ, chap. 7ᵒ.

Or, le mal dont nous parlons n'est pas une peccadille, mais un véritable péché, grave de sa nature (1).

Ce qu'elle fait ? Elle persuade aux époux, avec toute l'autorité d'une doctrine de foi, soustraite comme telle à toute discussion, que le mariage est, de par la volonté de Dieu et par un motif sacré, indissoluble ; qu'il a pour principale et essentielle grandeur de symboliser l'union de Jésus-Christ avec son Eglise ; que, de ce chef, il a pour but de donner à Dieu et à l'Eglise, moyennant le baptême, le plus grand nombre possible d'enfants. *Magnum hoc sacramentum, in Christo dico et in Ecclesia.*

Ce qu'elle fait ? Elle commande le devoir ; elle coupe court aux objections, elle s'élève contre le sophisme, elle démasque et condamne les faux prétextes ; elle parle haut et clair. Elle propose, aux chrétiens unis dans le mariage, de vivre pour le service et pour la gloire de Dieu, d'accepter leur existence à deux comme une tâche, et non comme un plaisir ; de faire tout leur devoir, en laissant à la Providence le soin de suppléer à leur faiblesse ; elle développe, enfin, l'esprit de sacrifice et c'est tout dire ; en faut-il plus pour envisager sans frémir les charges prochaines, et pour aller au-devant des rudes besognes ? C'est peu, alors, de ne pas transiger, de s'interdire les compromis, d'où naissent tant d'anxiétés pour la conscience ; cette sécurité, toute négative, mais déjà précieuse, ne suffit pas ; d'autres pensées naissent, plus généreuses et plus hautes ; l'ambition chrétienne va plus loin ; non contente d'éviter le mal, elle fait le

---

(1) J. HOPPENOT, *Petit catéchisme du mariage* (Paris, 5, rue Bayard) ; *Gravité du péché qui limite la vie,* p. 95 et 97 (nouv. édit.) — Voir *Rapports du Congrès de Nancy* (sept. 1919), sur la Natalité, un résumé de la Morale catholique du Mariage, par l'abbé BEUGNET, p. 9 (86, rue de Gergovie, Paris-14°, 1920).

bien, heureuse de trouver dans le mariage l'occasion de le multiplier en prodiguant la vie.

Ce que fait la religion ? Elle fait mieux que de suggérer des prudences qui ne sont souvent que des calculs odieux. Elle enseigne à ne pas tenter Dieu ; elle commande aux époux eux-mêmes des réserves, des retenues, une vigilance, qui deviennent la meilleure garantie du devoir et le moyen le plus sûr d'y être toujours fidèle.

Certainement, ce qu'il est inutile d'espérer, c'est que soit avant, soit après le mariage, la continence soit possible sans les précautions de la prudence chrétienne. De la prière, des sacrements, de la tempérance, de la pénitence pour une part, personne n'est jamais dispensé, les époux pas plus que les autres. Offrir aux sens toute satisfaction, aux yeux, aux oreilles, aux sens tout apaisement ; chercher en tout le confortable, le bien-être, le luxe ; n'exercer aucun contrôle sur ses pensées, ses désirs, ses affections, ses relations ; se complaire dans les romans, chercher dans les théâtres ses inspirations habituelles ; c'est se rendre impossible à soi-même ce parfait empire sur les passions, duquel dépend la pratique réfléchie et courageuse du devoir ; on diminue, par ces concessions faites à la vie des sens, l'énergie du vouloir et la dignité de l'esprit chrétien ; il n'en peut résulter qu'une diminution du mariage, placé moins haut, moins bien compris ; on l'emploiera, sans grandeur, sans délicatesse, à des besognes égoïstes. Cet égoïsme, la religion le réprouve ; et elle fournit, pour en combattre efficacement le principe, des moyens surnaturels qui ne procèdent, pour relever l'homme, ni par suggestion ni par contrainte, mais par une vertu qui leur est propre ; ils la tiennent de Dieu même. Ces secours, ces appuis, ce sont des forces réelles, et non des mots ;

des choses, et non des phrases ; secours opportuns, appuis effectifs, très différents des seules exhortations, voire des primes les plus engageantes que la loi ou l'opinion peuvent offrir.

Ce que fait la religion, enfin ? Elle inspire aux époux un amour mutuel dont le principe est en Dieu même ; amour de bienveillance et de charité qui échappe, par son origine et par ses qualités, aux revirements de l'affection sensible et toute humaine ; amour qui ne supprime aucune des difficultés de l'existence à deux, mais qui donne pour les supporter un courage sans défaillance ; amour tellement noble dans sa source qu'il conduit au plus délicat respect, comme au plus généreux dévouement, et qu'il sanctifie en les épurant toutes les tendresses.

Cet amour n'est pas prévu par le Code (1) ; on y a plutôt envisagé l'éventualité contraire, en offrant aux conjoints, lassés de leur union monotone, le moyen de sortir d'une situation que l'incompatibilité de leur humeur a rendue compliquée. Le remède, dit un publiciste, est pire que le mal ; et il ajoute que, pour empêcher le mal, ce ne sera pas assez de comprendre officiel-

----

(1) L'article du Code français qui formule le précepte de la soumission à l'autorité maritale, assure M*me* Colette YVER (*Correspondant*, 10 mars 1920, *Propos sur le féminisme*), ne vient ni du Code romain ni des vieux us français, mais « de la psychologie humaine » ; et, très heureusement, la sagesse mystérieuse des instincts l'emporte ici sur les raisonnements d'un féminisme ombrageux.

La femme, dit-on, *vaut* autant que l'homme. Soit, elle vaut même plus, souvent ; mais elle ne lui est pas *égale* (sur cette importante distinction, lire Mgr SAGOT DU VAUROUX, *Revue du Clergé français*, 1er oct. 1919 : entre l'homme et la femme il y a, non pas égalité de niveau, mais équivalence de services). Fût-elle supérieure moralement, elle n'est pas constituée pour conduire ; ni ses aptitudes, ni son rôle ne l'y appellent. C'est la nature même, c'est-à-dire Dieu créateur, qui le veut ainsi, et pas seulement les institutions positives.

lement l'amour au nombre des obligations qui naissent du mariage : « Quand même on réparerait cet oubli (dans le Code civil), pense-t-on que la vertu d'un texte engendrerait l'amour là où il fait défaut ? L'Église n'a pas oublié d'exhorter les époux à s'aimer, et elle leur dit le jour de leur mariage, par la voix de Saint-Paul : *Mulieres viris suis subditæ sint, sicut Ecclesia subjecta est Christo... Viri, diligite uxores vestras, sicut et Christus dilexit Ecclesiam, ...ut corpora (vestra).* L'entendent-ils ? ou, s'ils l'entendent, que font-ils de son enseignement ? C'est qu'en effet, ici, *les mœurs sont tout ;* le problème apparaît *purement moral*, et la solution ne peut en être espérée que d'une régénération morale de la famille, ou, pour mieux dire, de sa rechristianisation » (1).

On ne saurait donc trop rappeler la légitimité de l'intervention du Prêtre dans la conscience conjugale, l'efficacité de son action quand elle est discrète et surnaturelle, charitable et ferme. Le Prêtre peut parler, il en a *le droit*, parce que la question des rapports conjugaux dépend de la morale, touche au péché, engage la conscience. Il en a le *devoir*, parce que l'intérêt général l'exige, et parce que, en se taisant, il risque de laisser le champ libre aux subtilités et aux sophismes derrière lesquels cherche à s'abriter la paresse (2).

____

(1) E. SERMET, *art. cit.* L'auteur écrit : régénération de la classe ouvrière. Nous nous permettrons de modifier ici légèrement sa phrase.

(2) Voir F. BOUVIER, *Les Décisions du Saint-Siège et le devoir des confesseurs* (s'adresser aux Ordinaires) ; Henri LAVEDAN, *La Famille française*, p. 148 (le confessionnal), p. 274 (influence du clergé), p. 282 à 287 (force du frein religieux).

CHAPITRE III

L'ENFANT

Élever l'enfant.

    1. LE PRINCIPE.

        L'éducation sera chrétienne, ou ne sera pas.
        La destinée.
        L'obligation morale.
        L'origine de l'enfant.

    2. L'AIDE.

        Ce sera la Famille, ou l'aide sera nulle.
        Milieu propice.
        Commencer tôt.
        Par l'exemple.

    3. LE PROGRAMME.

        Par la Famille chrétienne on fera des hommes.
        La conscience.
        Le caractère.
        La vocation.

        L'École viendra utilement, mais après.

Jésus demande qu'on laisse venir à Lui les enfants. *Sinite parvulos...* Il les appelle, parce qu'Il les aime. Il est impossible de leur vouloir plus de bien que Lui.

Mais il nous appartient, et c'est *le plus grave des devoirs*, de les aider, pour notre part, à se procurer ce bien essentiel, l'amour de Jésus-Christ, que la Providence leur destine.

Autrefois, les mères (un instinct profond et sûr les

avertit souvent de ce qui fera le bonheur de leurs enfants) lui amenaient leur petite famille, et quand les Apôtres voulaient écarter ces importuns, Jésus leur disait : *Ne les écartez pas ; laissez, laissez ; n'arrêtez pas ce mouvement qui porte les enfants vers Moi.*

Aujourd'hui, les Apôtres ne les éloignent plus ; au contraire, ils insistent pour qu'on les amène au Seigneur ; en cela éducateurs très avertis. Le plus grand dommage serait qu'on ne comprît plus leur dessein, ou qu'on négligeât de le seconder. *L'éducation vraie* se trouverait compromise, par la faute de ceux qui doivent être les principaux artisans de cette tâche.

Tâche de patience, besogne d'amour, œuvre d'art. Je ne rappellerai pas que c'est l'une des plus hautes où l'homme soit convié. Il est plus urgent de redire ce que la bonne éducation suppose :

Un Principe fondamental, le Surnaturel.

Une Aide efficace, la Famille.

Un Programme sûr, qui prépare l'Homme.

C'est peu de ne pas empêcher ceux qui s'appliquent par vocation à cet effort. Il faut, quand on aime l'enfant (et qui ne l'aimerait ?), faire sienne cette entreprise, seconder cette mission.

Tel est le devoir d'*élever l'Enfant.*

1. LE PRINCIPE

Il sera bientôt tout à fait superflu de prouver que l'éducation *doit être chrétienne, sous peine de ne pas être.* Les faits se chargent de le démontrer ; ils parlent assez haut. La preuve s'élabore pour ainsi dire sous nos yeux ; l'argument se fait et se développe tous les jours. Il suffit de voir et d'entendre.

Il y a *faillite*, et faillite avouée par ceux qui auraient le plus d'intérêt à l'ignorer ou à la tenir cachée (1).

Sur la criminalité juvénile, en particulier, on a pu lire le rapport du Ministre de la Justice en 1912 : le nombre des crimes augmente, les crimes sont plus atroces, la moyenne des mineurs est plus élevée ; et l'on a entendu une déclaration importante du Procureur général de Paris le 28 février 1913 (2). Ce sont là des aveux. L'Ecole nouvelle devait, l'engagement était pris, maintenir *au moins* la moralité de ce qu'elle remplaçait. Il y a faillite à ces promesses.

Cette *insuffisance de fait* est le signe d'une *impuissance de droit*. L'axiome évangélique s'applique ici à

---

(1) J'indique quelques sources de renseignements :

J. Santo. *La bataille scolaire. Les documents. Les faits* (Paris, rue de Vaugirard, 13).

J. Vaujany. *L'Ecole primaire en France sous la 3e République.* Perrin, 1912.

Jean Maxe. *L'Ecole primaire contemporaine* (Nouv. Libr. Nat.).

Lescœur. *La mentalité laïque à l'école* (Téqui).

Dr Gurnaud. *L'Ecole et la Famille* (Perrin, 1909). Les manuels scolaires ; toute l'affaire Morizot.

Fénelon Gibon. *Où mène l'école sans Dieu ?* (Téqui, 1909). 1. Criminalité croissante ; 2. Décadence intellectuelle ; 3. Instituteurs sans foi ni patrie ; 4. Faillite de la morale laïque (genèse, étapes, résultats).

Eugène Taversier. *La morale et l'esprit laïque* (Lethielleux); Rôle du roman, p. 25 ; du théâtre, p. 35 ; l'éducation morale dans l'Université, chap. IV : l'Evangile de M. Buisson, ch. XI.

Joseph Tissier. *La Vieille Morale à l'école* (Téqui, 1910). Courtes instructions : les Principes ; le Modèle ; Leçons de choses ; Consignes chrétiennes. Avec un avant-propos très instructif sur la crise morale des lycées, après le suicide retentissant du jeune Armand N., en pleine classe, à Montferrand.

Jean Didier. *Ecole et Anarchie*, brochure de propagande (*Société générale d'éducation*, 14 *bis*, rue d'Assas. Extraits des revues laïques (religion, morale, patrie, société).

Dom Besse. *La Question scolaire* (Nouv. Libr. Nat.).

(2) *La Revue de l'Action Populaire*, 10 juin 1913, en a donné le texte.

merveille : voulez-vous juger de l'arbre ? considérez les fruits. Fruits détestables, parce que l'arbre est mauvais. On proteste, on vous assure que l'arbre est de bonne sorte... montrez *les fruits*.

Non pas que l'enfant chrétiennement élevé ne puisse devenir un mauvais sujet. Nulle éducation vraie, la chrétienne moins qu'une autre, ne supprime l'exercice d'une liberté qui demeure sujette aux revirements et aux défaillances aussi longtemps qu'elle reste capable de préférer le mal au bien, par conséquent tous les jours ici-bas. A nul éducateur, il n'est donné de rendre l'homme impeccable. Mais ces déviations *ne résulteront jamais logiquement de l'éducation chrétienne* ; on n'en pourra accuser ni l'indigence de son idéal, ni la pénurie de son programme ; elles ne seront pas dans la suite obligée, dans la vraie logique, des principes que cette éducation a inculqués. Ce n'est pas en restant fidèle aux leçons de la morale chrétienne que l'enfant se trouvera désarmé devant les passions et vaincu par le mal.

Par contre, pour qu'une éducation soit mauvaise, il n'est pas nécessaire qu'elle soit *positivement* immorale ; il suffit que négativement elle le devienne, *par manque de moralité*, en omettant de fournir à l'homme des *motifs assez élevés, des secours assez forts* pour l'amener au devoir et pour l'aider à s'y maintenir.

M. Gustave Téry (1) n'a pas eu de peine à montrer, à propos du banditisme, très prospère chez nous à cette date, que les éducateurs laïques auraient mauvaise grâce à renier, vis-à-vis de ces jeunes monstres, toute paternité. Ils devraient prouver que leur enseignement assigne au devoir un fondement solide, fournit une base ferme

---

(1) *L'Œuvre*, janvier 1913.

à l'obligation morale, et des sanctions intérieures puissantes. Ils l'essaieraient en vain.

Voici d'ailleurs, indépendamment du fait, *de bonnes raisons*, utiles à redire.

L'éducation sera chrétienne ou ne sera pas, *pourquoi ?*

A) Parce que, sans l'éducation chrétienne, le principal instrument et le seul efficace pour la *formation du caractère*, fera défaut.

Le P. GILLET a montré, dans des ouvrages qui ne sont pas à refaire, *L'éducation du caractère*, et *Virilité chrétienne*, la part respective de l'*idéal*, du *vouloir*, des *habitudes*, dans la formation du caractère. A ce triple point de vue, la religion donne seule les appuis nécessaires (1).

L'idéal d'abord. Seul et par lui-même, en tant qu'objet de pensée, il ne saurait former l'homme. Il commence l'orientation, il fournit l'ébauche et le plan, il ne construit rien.

L'idéal chrétien lui-même, si coloré qu'il soit, est insuffisant quand il existe seulement à l'état de « foi morte », de pure connaissance qui ne se tourne pas à aimer, et que l'amour ne gouverne pas. Le véritable bienfait de l'idéal chrétien, et son rôle précieux dans

------

(1) Voir Ant. EYMIEU, *Le gouvernement de soi-même* (Perrin) : rôle de la Passion, p. 246. — M. J. GUIBERT, dans *Le Caractère*, ch. IV, indique de son côté la part de la naissance, de l'éducation, de la volonté. Il conseille, pour l'amélioration du caractère : la connaissance de soi-même ; un programme de vie ; l'effort moral soutenu. — H. D. NOBLE, dans l'*Education des Passions*, étudie la psychologie des phénomènes passionnels, le problème de la moralité des passions, le traitement ascétique des passions. — On trouvera dans notre brochure *Un Caractère* (le Card. MERCIER), sous les trois rubriques : *Idées saines, Force d'âme, Idéal religieux* (Action Populaire et Téqui, 1920), plusieurs éléments d'étude.

l'éducation du caractère, c'est de susciter dans l'âme entière une foi vive et prenante, capable de rendre la vertu aimable et le devoir engageant.

Ainsi parle, de son côté, M. Antonin EYMIEU, dans *Le gouvernement de soi-même*, en insistant sur l'importance de l'idée « incarnée », par rapport aux actes. L'idée n'a toute sa force, et n'obtient de nous des œuvres, qu'à condition de nous saisir tout entiers, sens et esprit, corps et âme. Et tel est précisément le pouvoir persuasif d'une religion dans laquelle Dieu n'apparaît plus comme un idéal lointain, à l'état abstrait, mais comme voisin de nous et fait homme, par l'Incarnation.

Même raisonnement, même raison, au point de vue des émotions, sentiments, états affectifs et *passions*. Rien de grand sans une grande passion. La passion est le principal stimulant de l'activité, par les inclinations et les sentiments ; elle est l'inappréciable bienfait.

Or, à égale distance des philosophies extrêmes et des morales anciennes les plus écoutées, stoïcisme et épicuréisme, le christianisme enseigne à équilibrer les passions au lieu de les mutiler, à les contenir sans les briser, pour les mieux utiliser. Sagesse et mesure qui ne sont guère de l'homme ; équilibre que la révélation seule réalise ; en quoi elle est moralement nécessaire. C'est la grâce qui donne à la volonté humaine un empire souverain sur les passions ; elle seule les moralise énergiquement, parce qu'elle seule rétablit entre les passions et la raison l'équilibre toujours prêt à se rompre depuis la déchéance. « Ma grâce te suffit », disait le Christ à saint Paul qui gémissait dans le sentiment de son impuissance. La grâce est nécessaire à cette tâche ; le vouloir, sans l'aide surnaturelle de la grâce, succombe et capitule.

Enfin, quand il s'agit des *habitudes*, qui doivent contribuer pour une si large part à l'éducation progressive de la volonté, ce sont aussi les « habitudes » surnaturelles qui aident le plus une âme à se discipliner, en lui donnant du ressort. L'explication, on la trouve dans l'origine surnaturelle de ces dons, grâces et vertus infuses, très distinctes des facilités naturellement acquises. Issues de Dieu, divines dans leur principe, sanctifiantes dans leur but, elles élèvent, elles entraînent, elles soutiennent, elles surnaturalisent l'âme et ses facultés, elles apportent à l'homme, sans supprimer les difficultés, un surcroît de vigueur, de dignité, d'énergie.

C'est ce qui place à une infinie distance au-dessus de certains traités d' « Education de la Volonté » élaborés par un « laïque », même avec les emprunts et décalques habiles dont ils sont pleins, le moindre des manuels de l'ascétique chrétienne.

De tout *le Surnaturel*, l'éducation qui n'est pas chrétienne *s'exempte* et *se prive*. Elle est *donc inférieure à sa tâche.*

B) Mais allons au fond des choses. Si l'éducation chrétienne est seule digne de toute confiance, seule capable de toute la mission éducatrice, c'est pour une raison plus haute, et, en un sens, moins utilitaire.

Seule elle place l'enfant, l'homme naissant qui s'oriente et qui cherche l'avenir, *dans ses véritables voies.* C'est donc, non pas seulement sous peine d'infériorité pratique, mais sous peine d'irrémédiable *erreur* que l'éducation doit être religieuse ; je veux dire chrétienne, car nous supposerons résolu le problème apologétique de la vraie religion.

Ne nous lassons pas de mettre en relief cette doctrine fondamentale, aujourd'hui méconnue. Considérons d'un

peu près : *la destinée humaine ; l'obligation morale ;
l'origine de l'enfant.* On verra, de ces trois manières, en
quoi consiste au juste ce *droit de l'enfant*, dont certains
se targuent et se font un argument pour exiger qu'il vive
sans Dieu et qu'il soit élevé sans religion.

1° La Destinée, ou la Fin

On sait de quelle importance il est, pour connaître le
bon emploi d'un instrument ou d'un objet, de savoir,
avant tout, *sa destination*, son but, ce pourquoi il est
fait par celui qui l'a fait. S'il est façonné de telle manière, composé de telles pièces, s'il a telles dimensions
et telle structure, c'est parce que l'on s'est proposé, en
le formant, tel but : un couteau *pour* couper, un pin-
ceau *pour* peindre, une plume *pour* écrire, une montre
pour marquer l'heure, un aéroplane *pour* voler, un
phonographe *pour* chanter. L'idée a tout inspiré, tout
commandé, tout conduit.

On ne manie un instrument avec intelligence, un
engin avec sûreté, qu'à condition de connaître et de
faire siennes les intentions de son auteur. L'engin, l'instrument, il les faut traiter comme moyens ; ils ne sont
que cela. Qu'est-ce qu'une montre ? Et l'on répond en
indiquant de quoi elle est faite, et pourquoi ; l'un appelle
l'autre. Toute réponse qui ne dirait pas cela, au moins,
serait superficielle, et sans portée.

Ainsi de l'*enfant*.

Comment formera-t-on l'enfant si l'on ignore sa destination, ou si l'on se méprend sur *la fin* pour laquelle
il existe ?

Or, la raison prouve, et la foi déclare, que la *fin* de
la créature humaine ne peut être cherchée dans l'homme

lui-même ; qu'elle doit être cherchée *en Dieu* son auteur. Sa destination résulte de sa condition, laquelle étant créée le place dans la dépendance la plus étroite vis-à-vis de la volonté de Dieu.

Étant *de Dieu*, je suis *à Dieu*, je suis *pour Dieu*. Et l'on ne saurait trop réfléchir au caractère universel et exclusif de cette fonction. « Ne l'estimons pas seulement principale, supérieure, dominante : je n'en ai pas d'autre, elle est unique. Toute action, tout exercice, toute action de détail, n'est que la forme extérieure, le phénomène, l'espèce sensible, accidentelle, indifférente en soi, de cette fonction unique et universelle. J'ai à faire mille choses, et je n'en ai à faire qu'une seule : servir Dieu. »

On allègue ici *la liberté*. Mais la liberté humaine ne saurait se suffire : il y a une vraie liberté, et il y en a une fausse (1) .

La fausse liberté, c'est de vouloir faire sa volonté propre ; mais notre liberté véritable, c'est que notre volonté soit soumise à Dieu ; car puisque nous sommes nés sous la sujétion de Dieu, notre liberté n'est pas une indépendance... Puisque notre liberté est la liberté d'une créature, il faut nécessairement qu'elle soit soumise, et qu'il y ait de la servitude mêlée. Mais il y a une servitude honteuse, qui est la *destruction* de la liberté ; et il y a une servitude honorable, qui en est la *perfection*. S'abaisser au-dessous de sa dignité naturelle, c'est une servitude honteuse ; c'est ainsi que font les pécheurs: c'est pourquoi ils ne sont pas libres. S'abaisser au-dessous de Celui-là seul qui est seul naturellement souverain, c'est une servitude honorable, qui est digne

---

(1) Voir A.-D. Sertillanges. *La Famille et l'Etat dans l'Education* (1907, Gabalda). L'initiation religieuse de l'enfant serait-elle *une violence* ? Quelle idée se fait-on donc de la liberté ? Laisse-t-on l'enfant libre de marcher à sa guise, de manger ce qu'il veut, de s'instruire ou de ne pas s'instruire, etc.? (p. 199 et suiv.). L'auteur justifie l'éducation chrétienne et l'exige, en exposant la théorie des *besoins vitaux*, ou du respect des besoins de la vie : le *besoin de religion* est le *premier besoin vital*.

d'un homme libre, et qui fait l'accomplissement de la liberté. En est-on moins libre, pour obéir à la raison, et à la Raison souveraine, c'est-à-dire à Dieu ? N'est-ce pas au contraire une dépendance vraiment heureuse qui, nous assujettissant à Dieu seul, nous rend maîtres de nous-mêmes et de toutes choses (1) ?

Ainsi l'homme ne trouvera la perfection et l'achèvement de sa liberté que dans l'obéissance à Dieu. Et comme, dans l'économie actuelle, Dieu se fait connaître à l'homme *par une doctrine révélée ;* comme il oblige l'homme à une *fin surnaturelle ;* comme il fait connaître cette fin surnaturelle, et les moyens d'y arriver, *par l'Eglise ;* c'est *par l'éducation chrétienne telle que la donne l'Eglise* que se fera la seule véritable éducation humaine.

L'enfant possède un *droit strict* à cette éducation, comme à sa fin dernière.

Avec nos goûts d'indépendance, nous sommes exposés à oublier ce *devoir* fondamental du Surnaturel. Mgr Pie montre à merveille, dans la page qu'on va lire, combien il serait injuste et inconséquent de se plaindre de cette loi, sous prétexte de droits humains :

L'enfant qui naît en ce monde n'a pas demandé la vie à ses auteurs ; cependant cette vie reçue l'oblige moralement. Il est tenu de la conserver, et il ne se l'ôterait pas sans crime. De plus, il est soumis à toutes sortes de devoirs envers ses parents, bien qu'il n'ait pas choisi spontanément tels parents plutôt que tels autres ; et ses intérêts sont régis par la loi du pays où il est né, quoiqu'il n'ait pas fait élection de telle ou telle patrie natale. Tant qu'il est mineur, une tutelle légale prend soin de ses affaires et préside pour lui à tous les actes qu'il devrait raisonnablement accomplir lui-même s'il avait l'âge requis.

Les choses de la vie temporelle se passent ainsi, et aucun philosophe n'en murmure, aucun n'y voit un attentat contre la raison et la liberté de l'homme. Et, si le jeune

---

(1) Bossuet, 1656. (Lebarq, t. 2, p. 216.)

homme, parvenu à l'âge de discrétion et de majorité, allait s'aviser de dire : « Je suis blessé dans tous mes droits, violenté dans toutes mes aspirations ; j'ai reçu l'être sans l'avoir demandé ; le nom honorable qui m'est transmis me commande une retenue, et des devoirs qui me déplaisent ; la fortune considérable qui m'est remise et qui peut me procurer tant de jouissances, m'impose aussi des charges qui me contrarient : la société a outrepassé son pouvoir en jugeant ainsi mes intentions et mes volontés ; il m'aurait plu, à moi, d'être obscur, d'être pauvre ; pourquoi m'avoir infligé la grande tâche de porter un nom illustre et de gouverner de grandes richesses ? Mais plutôt pourquoi m'avoir infligé la vie ? Elle me pèse et, à mes yeux, elle ne vaut pas le néant... » ; — si, dis-je, l'enfant dont la société a pris un soin tout maternel jusqu'au jour de son émancipation, allait se livrer à ces plaintes insensées, à ces récriminations impies, ces plaintes et ces récriminations trouveraient-elles écho chez un seul homme raisonnable ? Le genre humain tout entier ne serait-il pas d'accord pour lui crier qu'il blasphème contre Dieu et contre la société ; que la vie, que la noblesse, que la fortune, sont autant de bienfaits dont il ne tient qu'à lui de bien user ; et que si désormais, abandonné dans la main de son propre conseil, il fait un criminel emploi de tous ces avantages qui lui ont été soigneusement acquis ou conservés, il n'aura à se plaindre que de lui-même, et il portera devant Dieu et devant les hommes la honte de sa félonie et de son crime ?

Or, on comprend, tout d'abord, que s'il existe une naissance, une génération spirituelle, elle doive entraîner des conséquences analogues à celles de la naissance naturelle. Le baptême est la naissance, la génération surnaturelle de l'homme. L'enfant ne demande pas à naître ainsi divinement ; mais outre que, s'il le pouvait, il y serait rigoureusement tenu, il demeure précisément obligé, par rapport à sa naissance divine, aux mêmes devoirs que lui impose sa naissance humaine. Et, d'abord, il demeure obligé envers la vie reçue. Cette vie, c'est la grâce, dont le premier et le plus indispensable élément est la foi. Le baptisé doit conserver cette vie ; s'il la perd, il se suicide, et le crime est d'autant plus grand que la vie détruite est plus précieuse (1).

___

(1) Mgr PIE, *Instructions Synodales.*

2° L'Obligation Morale

On arrive au même résultat quand on se donne la peine d'analyser la notion d'*obligation morale*.

L'obligation, le devoir de faire ou de s'abstenir, ne s'explique, en dernière analyse, que par la volonté de Dieu :

Il faut faire le bien, pourquoi ? La question raisonnable a droit à une réponse raisonnable. On connaît celles qui tombent des chaires de nos modernes.

Il faut faire le bien, parce que la vertu est belle. — Soit ; mais à mon âme assoiffée de beauté infinie, qu'importe cette goutte de beauté ? L'aurais-je saisie, j'aurai encore soif, et dès lors je n'en vois pas la nécessité.

Il faut faire le bien : c'est avantageux. Somme toute, le compte fait, la quantité de bonheur est plus grande du côté de l'honnêteté. La réponse de l'enfant pourrait être semblable : il y a dans son cœur un appel de bien-être sans mesure ; celui que nous promet l'honnêteté, resserré entre des limites étroites, et parfois douloureusement acheté, ne reposera pas des aspirations où il entre de l'infini.

Il faut faire le bien, mon enfant, par respect pour l'humanité que tu portes en toi ; pour grossir l'héritage de perfection morale, que se partageront dans des millions de siècles les générations devenues meilleures ! Sous le souffle de la passion, ou à l'heure du danger, quelle sera l'efficacité de ces promesses vagues en faveur des autres, de cette perspective si lointaine qu'elle se perd dans la nuit, pour lier le cœur de l'homme au devoir qui immole ?

Vous dites : *il faut faire le bien*, et pour expliquer cet *il faut*, le motif que vous alléguez n'implique aucune nécessité : voilà une contradiction à la base de l'éducation sans Dieu (1).

La volonté souveraine, et souverainement raisonnable,

---

(1) J. GRIVET, *Études*, 20 mai 1920. — Voir, sur ce grave sujet, la Conférence du Card. MERCIER, *Éducation et Religion* (1912, à Vienne), publiée dans *Le Christianisme dans la vie moderne*, pages choisies du Cardinal recueillies par M. L. NoËL (Perrin, 1919), p. 137 à 163. — (On trouvera dans ce même recueil la Pastorale du Card. MERCIER sur *Le Devoir conjugal*, p. 161 à 182.)

de Dieu, telle est la véritable raison dernière de l'impératif sans condition. Ce motif, ce fondement du devoir, la raison suffit pour le faire connaître à l'homme. Mais, en outre, la raison enseigne à l'homme que Dieu s'est *révélé* (elle prouve la crédibilité de la foi), et qu'il est obligatoire par conséquent (il y va du salut) de chercher la formule du devoir dans la Religion qu'Il a établie.

Ainsi, à moins de prétendre élever l'enfant sans lui apprendre à faire le bien, à éviter le mal, ou sans lui fournir le pourquoi de ses devoirs, *l'éducation chrétienne* apparaît une seconde fois comme *indispensable*.

3° L'Origine de l'Enfant

Indispensable, elle l'est encore, si l'on se rappelle la véritable notion du mariage, d'où l'enfant émane comme la tige sort du sol où est semée la graine.

C'est du mariage que procède l'enfant ; mais encore, de quel mariage ? Suffit-il pour qu'*un homme* existe, qu'une vie humaine soit engendrée quelque part ? (1). Est-ce là, pour un enfant, entrer dignement dans le *monde ?* Autant vaudrait excuser ceux qui, l'ayant mis au monde, l'abandonneraient, estimant leur tâche faite, en laissant au hasard le soin de l'entretenir.

L'enfant est bien à plaindre qui vient d'un mariage irrégulier ; il porte en naissant une flétrissure. Quand même la société s'appliquerait à le relever par des lois de tolérance, assez de pitié intelligente et tendre restera toujours au cœur de l'homme pour déplorer, tout en

---

(1) Une importante consultation du P. Castillon, dans la *Nouv. Revue Théol.* (juillet-août 1920), sous ce titre : *Peccata secundum naturam ?* donne à ce principe tout son relief et en tire des conséquences à remarquer sur la moralité des rapports sexuels.

ménageant la victime, le méfait de ceux qui l'ont introduit sans dignité dans la vie.

Le mariage doit être *régulier* pour que l'enfant
obtienne, avant tout autre bien, *une naissance convenable*. Or, *le mariage n'est pas régulier quand il n'est
pas chrétien*.

Essentiellement, le mariage est *un contrat sacré*.
L'Eglise seule, à ce titre, en a la garde. C'est donc, en
quelque manière, le Sacrement qui introduit l'enfant
dans le monde ; il n'existe qu'en vertu du sacrement
qui unit les époux. L'éducation à laquelle il est appelé
résulte de cette condition initiale et privilégiée qui le
rattache au mystère de religion inclus dans le Mariage.

Le lien entre les époux chrétiens, dit le cardinal BILLOT
(le P. GRIVET résume ainsi son argument) figure l'union du
Christ et de son Eglise et appelle la grâce qui leur donnera
de faire de leur vie, dans l'ordre spirituel, une image de
cette union. Or la principale fin du mariage, c'est le bien de
l'Eglise et sa perpétuité ; c'est le progrès du corps mystique
du Christ, ou la formation de son royaume. L'Eglise attend
du mariage entre chrétiens une postérité dont l'éducation
fera des serviteurs de Dieu, des concitoyens des saints, des
habitants du ciel. — Sacrement, le mariage échappe à la
juridiction de l'Etat, pour être uniquement soumis à
l'Eglise. L'Etat n'atteint que les effets civils du contrat.
Comme le mariage, chose sacrée, l'éducation, qui est la conséquence religieuse, du sacrement, est soumise elle-même
tout entière au pouvoir dirigeant de l'Eglise (1).

On se trouve ainsi en présence d'un *droit de l'enfant*
placé bien au-dessus des libres appréciations de l'homme,
et qu'il n'est permis à personne d'ignorer, de contester,
d'entraver.

L'éducation doit procurer à l'enfant, où qu'on la lui
donne, ces provisions de vie et d'avenir chrétien, plus

---

(1) *De Ecclesia Christi*, 1909, p. 471 et 472.

nécessaires que le savoir, le nom, la fortune ou l'aisance.

Il a droit à la prière, c'est-à-dire droit à ce qu'on lui enseigne à prier ; droit aux Sacrements, c'est-à-dire droit à l'initiation, à la préparation, à l'usage respectueux des sacrements ; droit aux secours d'un prêtre, c'est-à-dire droit d'apprendre le respect du prêtre qui rend ces secours utiles ; droit à l'instruction religieuse, méthodique, progressive, complète ; droit à l'exemple, au conseil, à la réprimande, aux sanctions religieuses.

Et par là nous sommes amenés à rappeler quelle est, en matière d'éducation, l'*Aide indispensable*.

2. L'AIDE

L'éducation doit se faire, d'abord, surtout, longtemps, *par la Famille*.

Par la famille, parce que c'est le seul milieu assez *aimant*, assez *voisin* des origines morales de l'homme, assez *influent* sur lui, pour que l'éducation dont nous venons de rappeler le principe soit pratiquement possible.

A) Pratiquement possible, l'éducation chrétienne ne l'est pas sans *un milieu propice*.

Toute plante ne pousse pas en tout terrain. Et quand il s'agit de l'enfant, si faible, si mobile, si capricieux, si ingrat, si lent à former, si difficile à instruire, si gênant quand on ne l'aime pas, si peu *aimé*, en somme, en dehors de ses parents (fût-il admiré et choyé), où sera, en dehors de la famille vraie, très unie et très aimante, le milieu propice pour son éducation ?

Encore s'il s'agissait seulement d'un corps à nourrir, d'une vie physique à préserver et à entretenir. Mais l'esprit, le cœur, la volonté, l'âme entière à cultiver, à faire saillir en quelque sorte, et émerger du fond de la vie animale, quel travail !... Qu'il exige de tact, de patience, de bonté, de sacrifices, de souffrances !

Se charger de l'enfant, c'est accepter d'avance le plus lourd fardeau. D'où viendra l'*amour* nécessaire à tant de soins ? Du sein de la famille seulement. Là seulement fleurit cette sorte de patience héroïque, cette constance, cette générosité dans le dévouement, aussi nécessaire à l'enfant que le spécifique au malade.

Aussi n'y a-t-il pas de plus redoutable ennemi de la famille et de l'enfant que l'*égoïsme mondain*. On voit ici pourquoi.

Dans un ouvrage sur *L'éducation dans la famille et à l'école* (1), J. RENAULT énumère les *familles indignes* de leur tâche : celles où l'on tient que l'éducation est chose capitale, mais où « l'on n'a pas le temps » ; celles où tout est accepté et voulu en vue de l'avenir des enfants, traités en idoles ; il ne sortira de là que des déclassés et des mécontents ; celles où les parents s'improvisent éducateurs par intermittences, à certaines heures ; celles où la mère détruit ce que le père a fait ; celles où le père et la mère travaillent ensemble, mais sont maladroits ensemble, parce que l'arbitraire leur tient lieu de méthode ; celles enfin où l'on se prête à la déformation morale des enfants, par ce principe désastreux, qu'il faut que jeunesse se passe.

M. NICOLAY, de son côté, dans *La vie compliquée* (2),

---

(1) Chez Lethielleux.

(2) Fern. NICOLAY. *La vie compliquée, étude d'actualité, exemples typiques* (Perrin, 1913). — Nous indiquons de nouveau ici, comme très suggestif, le chap. 5 de l'ouvrage de M. G. ROSSIGNOL, *Un pays de célibataires et de fils uniques* ; sur les femmes désœuvrées, sur les goûts de toilette de la maman du fils unique, sur la femme divinisée, sur l'abus du salon, etc.

montre combien les complications de l'égoïsme ou du snobisme des parents ajoutent aux difficultés de l'éducation.

Où la famille manque, *presque tout manque*.

b) L'éducation, pour être moralement bonne, *doit commencer tôt*. C'est donc à la famille de s'y appliquer, de bonne heure, et dans le détail.

Rien de féerique comme la gradation des nuances qui accompagne l'ascension de la lumière, lorsque lentement, à l'aurore, le soleil se lève et monte. Ainsi de la conscience humaine ; elle se forme *par degrés* ; j'entends la conscience digne de ce nom, délicate, sensible, et non cette conscience grossière et « cautérisée » à qui finissent par échapper les notions précises... La bonne conscience, que la présence du mal avertit et trouble, est toute *en nuances*. Or, c'est imperceptiblement, au jour le jour, que ces nuances se dessinent ; peu remarquées si l'on n'y veille, apparemment sans conséquence, et pourtant déjà profondes, tenaces, entrées au vif de l'âme, et pleines de l'avenir (1).

______

(1) Dans *La Grâce à dix ans* (Beauchesne), M. l'abbé GELLÉ expose la doctrine du péché mortel dans ses rapports avec la psychologie de l'enfant. Il étudie avec un soin particulier (ch. V) deux espèces de péchés, *l'impureté* et *l'incrédulité*. Il aime à supposer que l'enfant est le plus ordinairement en état de grâce ; il souhaite, en tout cas, que les éducateurs veillent à ne pas fausser la conscience de l'enfant en créant pour lui des péchés graves qui n'en sont pas. Mais faut-il penser qu'avant l'âge de dix ans, la possibilité du péché grave n'existe guère pour l'enfant ? « Sans doute, il est très difficile de déterminer exactement le moment où la raison de l'enfant est suffisamment en éveil pour faire le choix dont parle saint Thomas et qui constitue le point de départ de sa vie morale. Mais il y aurait quelque imprudence à rejeter le sentiment universellement reçu que cet éveil se fait vers l'âge de sept ans. De même pour ce qui est des conditions de conscience requises dans les divers cas pour constituer le degré de responsabilité qui suffit au péché mortel. Dire quand elles se trouvent réalisées d'une façon con-

On ne saurait trop surveiller cet *éveil précoce*. Il n'est évidemment que le *milieu familial* pour une vigilance de ce genre, délicate, et quotidienne :

Il y a certainement, dit Mgr D'HULST, une période durant laquelle la vie intellectuelle, partant la vie morale, n'existe dans l'enfant qu'à l'état de virtualité. C'est une puissance endormie qui attend, pour s'éveiller, l'excitation sensorielle, puis l'éducation des sens. Toutefois, il n'est pas nécessaire que la première initiation soit achevée, il suffit qu'elle soit ébauchée, pour que l'autre commence. Les vraies mères ne s'y trompent pas. Dieu leur a donné la divination du mystère caché dans l'enfant. Elles savent accommoder le motif moral aux aptitudes naissantes d'une conscience à peine éclose ; elles se refusent à ne voir dans cet homme futur qu'un animal actuel. Sans doute, pour gouverner une activité que dominent encore les sens et l'appétit, elles font appel surtout aux caresses et au plaisir ; mais de bonne heure elles y mêlent la crainte ; elles résistent aux exigences outrées de ce petit être tout en désirs ; elles imposent à leurs entrailles émues d'apparentes rigueurs, et laissent couler des larmes qu'un peu de faiblesse aurait vite séchées. Bientôt la crainte du mal physique ne suffira plus pour ce travail délicat qu'on pourrait appeler l'élaboration d'une conscience ; Dieu leur inspirera des industries merveilleuses pour plier le langage du devoir au bégaiement du premier âge. Quand, plus tard, l'homme fait voudra raisonner ses idées morales, il en cherchera derrière lui les origines, il lui semblera qu'elles remontent plus haut même que sa pensée réfléchie ; il les verra se perdre dans ce lointain passé où sa vie, encore mal détachée de celle de sa mère, ne pouvait se soutenir qu'entre les bras qui l'enlaçaient de tendresse (1).

---

crète est chose délicate et difficile dans bien des cas. Mais nous ne devons pas être trop prompts ou trop faciles à affirmer qu'*elles n'existent pas*, soit pour les adultes, soit pour les enfants, en raison de la pente naturelle qui porte aux choses sensibles, et de la faiblesse ou de l'inattention de la raison, qui semble faire si rarement acte propre de raison, surtout dans le sens de raison supérieure présupposée au consentement du péché mortel.... » Telle est l'importante remarque dont un chroniqueur de la *Revue Thomiste* (mai-juin 1913) accompagne la recension d'ailleurs élogieuse de cet ouvrage de psychologie infantile.

(1) Mgr D'HULST, *Conférences*, 1894, p. 110.

Attendre ?... Remettre à *plus tard ?...* Plus tard, dit-on, l'enfant délibérera, l'enfant choisira, l'enfant fera œuvre d'homme ; gardons-nous de devancer l'heure de cette orientation toute personnelle ; n'intervenons pas... respectons...

Plus tard... Attendre... Mais d'abord *en a-t-on le droit ?*

Dieu donne à l'enfant une destination surnaturelle obligatoire, qui commence avec la vie, qui date du jour où il possède une âme immortelle, créée pour connaître, aimer, servir Dieu, et obtenir par ce moyen la vie éternelle. Il n'appartient à personne de lui ravir cette destinée ; il appartient au contraire à tous ceux que Dieu charge de veiller sur lui, de seconder cette vocation, de la rendre possible ; parents d'abord, puis maîtres, ont le devoir d'aider l'enfant à la connaître, et de le préparer aux devoirs qui en résulteront pour lui.

On objecte que l'homme ne peut accepter des devoirs, des charges morales sans les avoir librement choisis. C'est faux ; car le devoir ne résulte pas de nos libres choix, il n'est pas une création de notre liberté, il en est la règle, antérieure et supérieure à nos déterminations.

Mgr Pie (on l'a vu plus haut) explique par une comparaison avec les charges naturelles cette nécessité morale qui pèse sur tout homme indépendamment de son choix.

Et puis, *qui prouve trop ne prouve rien.* En effet, poussez un peu cet argument ; à quelles conséquences absurdes n'arriverez-vous pas ?

Cet enfant regrettera peut-être un jour les leçons de politesse qu'on lui donne, les connaissances qu'il acquiert, l'honnêteté morale qui l'oblige à restreindre ses plaisirs ; mieux vaut donc le laisser grandir ignorant et sauvage comme les fauves dans les forêts.

Avec verve et esprit, un publiciste, M. Paul DE CASSA-GNAC, signalait naguère cette infirme logique :

En ce cas, il faudrait attendre, avant d'habiller l'enfant, de savoir s'il n'aime pas mieux aller nu avec des anneaux dans le nez. Car, enfin, il peut un jour ou l'autre préférer la vie sauvage et dédaigner la vie que l'on s'accorde à trouver civilisée.

Il faudrait ne pas l'astreindre à manger du bœuf et du mouton, alors que certaines peuplades préfèrent la chair humaine.

Mais, avant tout, il devrait être interdit de l'inscrire comme citoyen français, sans le consulter, et de lui donner une éducation nationale, alors qu'il serait heureux un jour d'être plutôt Anglais, Allemand ou Russe. Si vous ne voulez pas qu'on le couche sur le registre du baptême, pourquoi le couchez-vous sans son assentiment sur le registre de l'état civil ?

Enfin, *plus tard sera trop tard.*

On n'a pas le droit de raisonner comme si la conscience se formait soudain, à date fixe, par une sorte d'émancipation commandée ou artificielle à la façon de l'émancipation légale. Ce n'est pas à quinze ans que la conscience commence à s'élaborer ; elle date des premières années de la vie ; c'est au sein de la famille que le discernement du bien et du mal commence et se poursuit. L'école, plus tard, n'a qu'un but : c'est de continuer dans le même sens, en le perfectionnant, ce travail délicat. Le prêtre y collabore, lui aussi, et de la manière la plus efficace par le traitement spirituel ; mais il vient trop tard lorsque le foyer, lorsque l'école ne lui ont pas préparé les voies ; il ne sera pour l'enfant qu'un étranger, un importun. Plus tard, dit-on ; mais c'est trop tard ; il y a *du retard,* et tout retard ici est un dommage ; cet enfant n'aura pas été mis en mesure de connaître son devoir dès l'âge où les impressions morales, neuves encore, mais déjà profondes, se gravent ineffaçables.

Encore, si ce n'était qu'un retard ; mais bien avant l'heure où l'on a décidé qu'il choisirait, l'enfant choisira, effectivement ; il choisira de n'avoir pas de religion, parce que c'est plus commode, parce que personne ne lui a inculqué la nécessité d'une religion ni le devoir de bien choisir. Les instincts n'attendent pas quinze ou dix-huit ans pour réclamer leur proie. Ne pas donner à l'enfant, dès le début, de directions morales et religieuses, c'est lui lâcher la bride ; ce n'est pas le « respecter », c'est le *mal élever*.

c) L'éducation, avons-nous ajouté, ne se fait, efficacement, que *par l'exemple*.

L'enfant est surtout fait pour *recevoir* ; il reçoit plus qu'il ne donne ; il trouve tout naturel qu'on soit à lui et qu'on se dépense pour le servir ; c'est le privilège de sa faiblesse, et la seule manière pour lui d'apprendre à vivre.

Cet art difficile, c'est par l'*imitation* qu'il l'acquiert ; il copie ses tuteurs, il fait ce qu'il voit faire, il dit ce qu'il entend dire ; par tous les sens il s'instruit ; et les images qu'il en retient formeront pour longtemps le principal fonds de son savoir. Très longtemps, sans s'en douter même, on vit sur le premier acquis.

C'est dire que *dans la famille*, et là seulement, l'enfant sera initié, s'il doit l'être un jour, à l'art de vivre en chrétien, à l'art de prier, à l'art de bien communier, à l'art d'agir toujours par des motifs élevés, dignes du ciel, à l'art d'acquérir, malgré les habitudes semipaïennes de son temps, des mœurs énergiquement chrétiennes.

Quelques livres aideront à s'en convaincre :

Abbé VERRET, *L'éducation selon l'Evangile*. Poussielgue.

Henri LE CAMUS (directeur de la maison de retraite de N.-D. du Bon Conseil), *L'éducation chrétienne ; conférences sur l'éducation*.

Abbé MONTEUUIS, *La jalousie* ; avec d'excellentes remarques sur les signes et les effets de ce défaut chez nos enfants ; et dans le 2ᵉ volume, *De la haine à l'amour*, le traitement de ce vice si funeste.

Mᵐᵉ la marquise DE PINDRAY D'AMBELLE, *De l'éducation des filles* (Desclée) ; ouvrage convenable, mais qui appelle quelques réserves (1).

Léon RIMBAULT, missionnaire apostolique, *Les vaillantes du devoir*. Celles qui pensent ; celles qui vibrent ; celles qui aiment ; celles qui pleurent ; celles qui prient : celles qui travaillent ; celles qui luttent (Téqui, 1907). D'excellents modèles sont proposés aux Femmes de France : Geneviève, Clotilde, Blanche de Castille, Jeanne d'Arc.

A ce point de vue, les deux collections : *Figures de femmes* (Librairie des Saints-Pères) et *Femmes de France* (Lethielleux), comme aussi les monographies féminines de l'*Action Populaire*, *Françaises, Institutrices de France*, fourniront plus d'un modèle.

Plusieurs ouvrages de Mgr TISSIER, *Les femmes du monde*, 1912 ; *La langue des femmes*, 1914 ; *La femme au foyer*, 1915.

Les Devoirs d'aujourd'hui et *Les Devoirs de demain*, causeries à de jeunes travailleuses. (Action Populaire, 1919.)

---

(1) On y trouvera un répertoire de lectures, mais trop mêlé : le *Cours d'esthétique* de JOUFFROY, la *Philosophie* de JANET, l'*Esprit des lois* de MONTESQUIEU, ne sont guère pour jeunes filles ; — le conseil, très discutable, de lire plutôt le xixᵉ siècle littéraire que le xviiᵉ ; un féminisme assez dur pour les maris, avec une idée très haute de la supériorité des mœurs américaines ; des pages sur la première communion, qui doivent tomber, après le décret sur la communion des enfants, p. 74. L'auteur souhaite aussi que l'on fasse entrer la médecine (élémentaire) dans le programme d'éducation des demoiselles ; mais où s'arrêter ?... On recommande de dormir beaucoup après les bals ; il y aurait un moyen plus sûr d'éviter cette fatigue... Les romans d'amour ne seront lus qu'en famille, p. 134 ; en seront-ils moins dangereux ? ne vaut-il pas mieux exclure le genre ? ou s'impose-t-il ? au nom de quoi ?...

Formation supérieure de la jeune fille, par l'auteur de la *Pratique progressive de la Confession*.

Mme M. POSSON, *L'éducation par la famille et par l'école* (Lyon, Vitte), 8e conférence, *L'éducation des femmes* ; 4°, *Le rôle de la femme dans la famille*, comme maîtresse de maison, épouse, mère ; 5°, *L'éducation des jeunes filles après leur sortie de pension.*

A propos de l'éducation des femmes, l'auteur demande que l'on forme, dans la jeune fille, l'épouse future ; elle veut qu'on la renseigne, mais « avec discrétion, délicatesse, tact infinis ». Elle touche ainsi, avec plus de discrétion que certaines dames (1), à la question de l'éducation de la Pureté. Comme il est devenu indispensable de mettre en garde les éducateurs et éducatrices contre certaines *témérités*, aujourd'hui recommandées, il ne sera sans doute pas superflu d'en dire ici quelques mots.

Tous les éducateurs catholiques, même ceux qui admettent ou recommandent une certaine initiation (individuelle, progressive, jamais purement technique, ni collective) s'accordent à reconnaître que cette information exige au préalable, et parallèlement, une *éducation morale*, appuyée non pas sur des considérations philosophiques de dignité personnelle ou d'intérêt social, mais sur des motifs surnaturels, et conduite avec prudence, suivant le plus ou moins de danger qui existera pour l'enfant.

Mais précisément, plusieurs l'ajoutent avec raison, la méthode d'initiation, même ainsi réduite, présente toujours, par elle-même, un danger, parce que la connaissance des choses dont il s'agit là est toujours accompagnée d'un vif attrait. Le moyen de contenir cet attrait serait-il de donner (même en supposant une éducation morale parallèle) cette connaissance, cette initiation ? C'est ce qu'il est permis de contester. On ne la donnera, en tout cas, que comme un pis-aller, par exception, et pour

____

(1) Mme LLROY-ALLAIS, *L'honnête femme contre la débauche* (Bloud). On regrette que la religion ne soit pas assez mentionnée comme préservatif, remède et protection. — Mme D'AHHÉMAR, *La nouvelle éducation de la femme dans les classes élevées.* Ces deux dames sont favorables à l'initiation scientifique et collective.

Ce que l'Eglise pense de ce système hardi, nous le savons par une *Lettre de la Congrégation de l'Index au cardinal Casanas,* évêque de Barcelone, au sujet de la collection (d'inspiration protestante) *Pureté et Vérité : Ce que tout jeune homme, toute jeune fille, etc., doit savoir...,* par MARY-WOOD-ALLEN, par Emma F. DRAKE, par Sylvanus STALL, etc.

éviter à tel enfant, dans l'espèce, une autre information plus probable, qui serait pour lui plus dangereuse (1).

Sans préjudice de cette remarque qui oblige à se défier beaucoup de l'initiation directe, je rappellerai les conclusions du P. GILLET, dans *Innocence et Ignorance* ; elles tiennent à peu près, dans les propositions suivantes :

A) Il faut reconnaître que la tradition catholique est plus favorable, dans l'ensemble, au silence (il ne s'agit évidemment pas du silence absolu et systématique, lequel est sans doute à peu près impossible) qu'à l'initiation (proprement dite, directe).

B) L'initiation purement technique, dite scientifique, même privée, n'est pas et ne sera jamais acceptée par le sens catholique.

c) Une certaine initiation privée, mais non scientifique (toujours accompagnée et pour ainsi dire corrigée par l'éducation morale) pourra être conseillée, suivant les besoins et les aptitudes des sujets, moyennant certaines conditions (p. 160).

D) S'il y a initiation collective, il ne sera pas question de formation scientifique, mais seulement d'éducation morale, que le P. GILLET définit avec soin (2).

E) On s'efforcera surtout de préserver. Ce programme d'éducation négative de la vertu consistera à éloigner l'enfant des sources de corruption sociale, trois entre autres : la *pornogra-*

---

(1) M. l'abbé MICHEL, *Questions ecclésiastiques*, mai 1913, conclut à la coordination des deux méthodes (initiation, silence) se complétant, l'initiation ne succédant à l'ignorance que pour éviter un mal certain, sans la supplanter jamais.

(2) L'éducation *morale* collective dont nous parlons en ce moment diffère *essentiellement* de l'éducation *scientifique* en ceci qu'elle ne comporte aucun renseignement *technique* ni *direct* fait à une collectivité, touchant le problème des sexes. Il ne s'agit nullement d'établir, à l'usage des jeunes gens déjà initiés individuellement, un cours de médecine ou de gynécologie, mais simplement d'attirer leur attention, dans des conférences appropriées, sur certains préjugés sociaux ou d'éducation relatifs à la chasteté, qui courent les différents milieux où ils vont être jetés ; sur les dangers d'une certaine *camaraderie* à l'atelier, à l'université, et partout ailleurs où les mœurs littéraires et sportives d'aujourd'hui rassemblent la jeunesse ; sur l'influence néfaste des mauvaises conversations, de la littérature romanesque ou faisandée, des théâtres, des cinémas, des cafés-concerts, des jeux de hasard ; sur le respect dû aux femmes qu'elles qu'elles soient ; la nature et l'inconvenance du flirt ; les conséquences désastreuses de l'immoralité au point de vue indi-

phie ; la *littérature démoralisatrice*, et à ce point de vue certaines revues, trop accueillies dans certaines familles dites chrétiennes, sont funestes, l'*illustration*, partie théâtre et roman par exemple (p. 174) ; enfin la *contamination par l'atelier* (p. 176).

f) Quant à l'éducation positive de la pureté, c'est surtout sur la volonté qu'elle s'efforcera d'agir (1).

3. TOUT LE PROGRAMME

(*) *Nous omettons ici les pages 97 à 103 de la première édition. Ces pages rappellent, en substance, comment l'éducation chrétienne bien comprise, et poursuivie sans relâche dans un milieu capable de la préserver, deviendra pour l'enfant le grand bienfait de la vie : elle élève l'enfant, elle le cultive, elle l'oriente ; il y trouve ainsi, tout à la fois, conscience bien formée* (BOURDALOUE, *Avent*, La Fausse conscience, Malheur d'une conscience erronée),· *caractère bien fait et affermi, vocation sûre, sans exclusion du sacerdoce, dont M. René* BAZIN *souhaite que l'on parle en famille.*

L'École viendra ensuite.

Elle ne viendra utilement que si la famille reste fidèle à son propre rôle, initial et capital. La mission de l'École est

---

viduel, familial et social ; sur la possibilité et les bienfaits de la chasteté, en dépit des théories absurdes dont l'écho parviendra jusqu'à eux ; sur la beauté de l'amour vrai et sain tel que l'Eglise le conçoit dans le mariage, et non tel que le monde l'entend en dehors du mariage et jusqu'au foyer ; sur le sens chrétien qui doit présider à toutes leurs relations d'amitié ; sur les moyens naturels et surnaturels qu'ils devront utiliser pour cultiver en eux la fleur délicate de la pureté, et en faire exhaler le parfum pénétrant autour d'eux (p. 202).

(1) Les Rapports du Congrès de Nancy (sept. 1919), qu'en trouvera au Secrétariat de l'Association du mariage chrétien (86, rue de Gergovie, Paris-XIV°, 1920), compléteront très utilement ces informations ; notamment le Rapport de M. l'abbé BEUGNET sur *Les lois morales du mariage dans la théologie catholique* ; celui de M. l'abbé LABOURT sur *La question de la Natalité et les Patronages catholiques* ; celui de M. NIEDERGANG, professeur à la Malgrange, sur *L'éducation religieuse de la jeunesse des classes aisées en vue du mariage.*

postérieure et secondaire (1). Elle aide, elle complète, elle ne supplée pas.

(*) Sur cette grave question de l'*Education*, on lira le récent et substantiel *Catéchisme de l'Education*, de l'abbé René BETHLÉEM (Maison de la Bonne Presse, 1920) : enquête méthodique et nourrie ; éducation *physique, intellectuelle, morale, surnaturelle.* Une vraie somme du sujet. Signalons : *Les éducateurs*, p. 19 (l'Etat, p. 30) ; — *Les contre-éducateurs* (chapitre très pratique ; ceux qui détruisent ou paralysent l'œuvre des éducateurs) ; — *Le bon exemple*, p. 134 ; — *La surveillance*, p. 153 ; — *La correction*, p. 323 à 410 ; — *La formation de la Conscience*, p. 439, etc...

---

(1) M. GURNAUD le dit fort bien dans *L'Ecole et la Famille* (Perrin, 1909) : « La liberté dans le choix de son délégué est *de l'essence même du pouvoir dont la famille est investie. Qu'elle soit aidée dans son œuvre, c'est le droit; qu'elle y soit remplacée, c'est l'abus* ». (*La famille et l'enseignement*, p. 212). — On saura, par l'exposé de X. MOISANT dans le *Dict. de Théologie* (Vacant-Mangenot, art. *Ecole*), quelle part exacte — difficile à déterminer en plus d'un cas — doivent avoir dans l'instruction et l'éducation de l'enfant la famille, l'Eglise et l'Etat. Trois séries de relations y sont étudiées avec soin : L'école et la famille (priorité) ; L'Eglise et l'Ecole (formation spirituelle) ; L'Eglise et l'Etat (neutralité irrationnelle ; limites précises de l'enseignement d'Etat).

CHAPITRE IV

LES ENNEMIS DE L'ENFANT

Il est incroyable que l'enfant puisse avoir *des ennemis*.

Il en a pourtant, contre lesquels sa faiblesse ne suffit pas à le protéger. Il a pour adversaires tous ceux qui devraient être ses tuteurs, ses gardiens, ses guides naturels, lorsqu'ils oublient ou négligent leur mission. Nuls

---

(1) J'entendrai par ce mot *léonine*, est-il besoin de l'expliquer, la « part du lion » que l'État prétend s'adjuger, à lui et à ses clients, dans la répartition des subsides d'écoles.

ennemis déclarés ne pourraient lui faire un plus grand mal que les mauvais parents, les éducateurs neutres, les politiciens asservis à l'idéal de Rousseau, qui privent l'enfant de Dieu pour le mieux respecter.

Bourdaloue, dans un sermon· *sur le scandale*, fait observer qu'il y a toujours dans le scandale une malice particulièrement grave, parce que le scandale n'est pas un péché purement personnel, mais « comme une espèce de péché originel qui, se communiquant et se répandant, infecte l'âme non seulement de son propre venin, mais de la malice de tous ceux à qui il s'étend ». Par le scandale, on se charge de la multitude des péchés d'autrui.

Mais il importe d'ajouter, avec le même orateur, que pour scandaliser les âmes, il n'est pas nécessaire de se proposer délibérément de les perdre :

Il n'est pas besoin que je veuille expressément faire périr l'âme de mon frère ; c'est assez que je m'aperçoive qu'en effet je la fais périr ; c'est assez que je tienne une conduite qui tend d'elle-même à la faire périr ; c'est assez que je fasse une action en conséquence de laquelle il est indubitable qu'elle périra. — Mais je voudrais qu'elle ne pérît pas. Il est vrai, vous le voudriez ; mais vouloir qu'elle ne pérît pas, et en même temps vouloir ce qui la fait périr, ce sont deux volontés contradictoires...

Certaines gens, qui n'ont pas lu Bourdaloue, qui ne le liront jamais, pratiquent ces *volontés contradictoires*, et donnent raison, sans le savoir, au célèbre jésuite. Ils ne veulent, paraît-il, que le bien des enfants ; l'œuvre éducatrice qu'ils poursuivent, et qui prend toutes leurs pensées, leur paraît mériter tout éloge. Ils ne veulent pas que l'enfant périsse ; mais ils veulent ce qui, certainement, le fera mourir ; auteurs en cela, ou complices, du plus affreux *scandale*.

Pour écarter de chez nous ce scandale, c'est-à-dire le

méfait social qui empoisonne et qui ruine l'enfance, il faut triompher de *trois abus* qui cherchent à prévaloir :

1° *l'erreur de la foi laïque ;*

2° *l'exagération des droits de l'État ;*

3° *la répartition léonine des subsides de l'enseignement.*

1. LA « FOI LAÏQUE »

Avant tout, il est nécessaire de rappeler, de répéter à satiété, quelle erreur grave se trouve à la base du système de *l'éducation neutre.* Le plus sûr moyen de le faire est sans doute de montrer avec quelle intrépide logique les chefs du mouvement « neutre » ont passé de leur premier programme, « respectueux de toutes les croyances », à la « foi laïque », donnant par là, eux-mêmes, le démenti le plus formel à la neutralité, et révélant le vrai dessein qu'elle abrite toujours.

L'IMPOSSIBLE

La formation *humaine* sera *morale,* ou ne sera pas. La morale sera *religieuse,* ou demeurera sans vigueur. Et la religion qui fondera la morale ne peut être que la religion *révélée,* parce que l'homme ne saurait avoir le droit d'imaginer ou de construire une religion de son choix, quand Dieu même lui assigne le devoir et lui procure le bienfait d'une fin surnaturelle.

Il n'y a pas, il n'y aura jamais d'*éducation neutre :*

« Vous ne définirez pas l'horloge sans allusion au temps que l'horloge doit mesurer ; la lampe, sans rappeler la lumière, qu'elle est destinée à répandre ; la lunette astronomique sans parler des étoiles qu'elle rapproche. Vous ne définirez pas l'homme — d'une définition intégrale, disant tout ce qu'il est, — sans nommer Dieu que l'homme vient en ce monde connaître et aimer.

« L'homme est *par construction un être religieux* : l'éducation sera donc religieuse, ou elle ne sera pas éducation humaine...

« Education neutre, c'est-à-dire indifférente ou désintéressée de ce qui est le principal, il n'y en a pas et il n'y en aura pas : la morale ne peut être que l'itinéraire de l'homme dans son ascension vers Dieu, et l'éducation, le travail du père, de la mère ou du maître pour assouplir l'enfant à suivre cet itinéraire.

« Plusieurs peut-être se croiront le droit de protester contre une pareille intransigeance. Pour calmer leur courroux, volontiers il leur sera fait une concession. Education neutre ou laïque, il y en aura une, mais le jour où, à un prix élevé, vous prendrez chez l'horloger une montre *neutre*, fabriquée en dehors de toute idée de mesure du temps ; le jour où, à la tombée de la nuit, vous placerez sur votre table une lampe *neutre*, qui n'aura pas été construite pour éclairer ; en attendant votre repas, qui, par un dernier scrupule ou raffinement de neutralité, n'aura pas été fait pour être mangé (1).

Mais la neutralité revêt des formes tellement souples, elle sait prendre si bien les allures du respect qu'il est indispensable de montrer, en détail, l'*erreur* dont elle est pleine.

On y trouve d'abord ce sophisme, trop colporté, désastreux, d'après lequel c'est *respecter une intelligence que d'éviter, en s'adressant à elle, tout propos religieux.* Il n'est rien de plus pernicieux. Ceux qui formulent cette théorie ont, heureusement, assez de bon sens pour ne pas y croire ; heureusement, oui, car le jour où pareil axiome serait acquis et pris au sérieux, ils se verraient condamnés aux plus humiliants silences. A la moindre de leurs leçons, leurs disciples opposeraient l'inflexible consigne. On ne respecte plus une intelli-

---

(1) E. GRIVET, *Etudes*, 20 mai 1910.

gence dès qu'on lui impose des vérités fixes et des notions immuables ; donc, laissez-la dégarnie et vide, ou craignez même de manquer à vos principes au moment où vous les articulez devant moi.

- Aussi bien, c'est par là que commencent toujours ces pédagogues si respectueux. A l'heure même où ils évitent de parler religion, ils exposent, ils répandent, ils vantent, comme l'indispensable morale de l'avenir, comme le point de repère pour l'humanité future, *une morale indépendante de toute religion.*

Tant il est vrai, comme on l'a dit (1), que « s'abstenir, c'est agir, seulement à contresens ». De fait, par là même que l'on s'abstient, on enseigne ; le silence, en ces matières, est une leçon ; il avertit ceux qui écoutent, il leur propose cette forme de religion qui consiste à déclarer que l'homme peut n'avoir pas de religion, et à prétendre constituer une morale sans fondement religieux.

A propos *d'un théoricien de l'école laïque*, M. E. Bru-neteau (2) examine de près ce que M. Buisson fait entrer dans le programme de l'enseignement neutre :

On y trouve aux premières lignes du programme la morale, et puisque l'enseignement doit être neutre, c'est nécessairement une morale indépendante de tout dogme religieux et de toute métaphysique, ou qui est donnée pour telle. Voilà un point qui, avant même toute inspection du contenu de cette morale, inquiète à juste titre les chrétiens et les spiritualistes, s'ils tiennent comme un dogme constant qu'une morale sans base religieuse ou métaphysique est une chimère. Ils estiment, et des incrédules comme Renan et Allard se rencontrent avec eux, qu'un esprit vide de tout principe sur Dieu, sur la vie future, sur sa nature et sur la nature des autres (si un tel monstre était possible), se

---

(1) A.-D. Sertillanges, *La Famille et l'Etat dans l'éducation*, 1907. Gabalda, p. 201.

(2) *Revue prat. d'apolog.*, 15 nov. 1912, p. 268.

composerait une morale au gré de ses fantaisies ou de ses
impulsions, c'est-à-dire un simulacre de morale qui serait
la négation même de la moralité. Par suite, enseigner la
morale sans la déduire des doctrines métaphysiques ou religieuses, c'est l'enseigner sans la motiver suffisamment, c'est
donc l'affaiblir et, qu'on le veuille ou non, en préparer la
ruine. *C'est aussi donner tacitement à entendre que la
morale et la religion ou le spiritualisme sont séparables,
puisqu'on les sépare ; et c'est dissoudre par là même dans
l'esprit de l'enfant la connexion, qui lui est enseignée à
l'Église ou au foyer.* Je ne dis pas que les enfants explique-
raient cela, mais ils le sentent d'instinct, et un jour viendra
où l'impression confuse, déposée dans leur âme, s'épanouira
en une négation consciente. Ainsi, par une liaison subtile
peut-être, mais réelle, il se trouve que l'impossible neutralité, proposée par M. Buisson, est violée par les précautions
mêmes qu'il impose pour qu'elle soit observée.

Ainsi l'autonomie, l'indépendance, dont on fait
parade, ne sont pas réelles, ne peuvent pas l'être. Il est
impossible qu'il n'existe pas une philosophie, une religion, à la base de l'enseignement moral.

Et quant à cette « libération » à laquelle on aspire
vis-à-vis de toute autorité religieuse, pour ne garder
qu'une sorte de religion de l'esprit, c'est la pire des
injures à l'autorité de Dieu qui, en promulguant la
Révélation, en a fait une religion d'autorité. Comment
accorder une morale neutre avec le respect de cette
religion, seule divine (1) ?

---

(1) Sur le devoir d'extirper le germe même du « laïcisme »
pour arriver à proscrire efficacement de l'éducation l'égoïsme
avec les vices qu'il entraîne et que la religion seule réprime,
voir Ant. EYMIEU, *Les buts de guerre de la Providence*, ch. 7e,
p. 227, 232, etc. Si l'on veut cueillir les fruits savoureux du
christianisme, il ne faut pas mettre la cognée à la racine de
l'arbre.
Toute cette question du laïcisme, théorie et histoire, est
traitée avec soin dans les trois parties de l'article *Laïcisme*
(*Dictionn. Apologét. de la Foi catholique*, fasc. XII), par
B. EMONET. Il étudie : 1° *L'Anticléricalisme, forme négative et
populaire du laïcisme* ; 2° *Le Laïcisme proprement dit, forme
positive, doctrinale, philosophique et religieuse : idéal, régime,
œuvre* ; 3° *La réfutation du Laïcisme.*

UN ESSAI

On essaie, toutefois, de nous faire entendre que *la morale peut se constituer en dehors de l'idée religieuse.* M. Ferdinand Buisson se charge même de vous le *démontrer ;* voici à peu près comment.

Il suffit, déclare-t-il en substance, que la morale, pour s'imposer, soit à la fois *persuasive* et *impérative ;* impérative, elle formule le commandement ; persuasive, elle donne à l'homme le goût avec la volonté de l'accomplir. Or, le commandement, le devoir, n'est pas moins impératif dans la conscience laïque que dans la conscience religieuse : l'homme ne rattache pas plus nécessairement la notion du bien (le précepte moral) à Dieu que la notion du beau ou la notion du vrai. Devant les notions du vrai scientifique, notre esprit s'incline ; notre goût s'extasie devant les œuvres de l'art, sans que ce soit, de part et d'autre, en vertu d'une conception religieuse. Pourquoi l'impératif moral aurait-il besoin d'être justifié en dehors de nous-mêmes, par le recours à un Dieu transcendant et personnel ?

D'autre part, en fait, morale laïque et morale religieuse produisent sur la conscience les mêmes effets : en présence de certaines actions à faire ou à omettre, tout homme se sent obligé, quelle que soit l'hypothèse qu'il adopte pour expliquer cette obligation...

Exposé spécieux, mais *faux.*

A) *On n'explique rien...*

Le moraliste constate l'obligation, l'impératif, et il reconnaît que cet impératif, tel qu'il s'impose à nous, suppose quelque chose de *supérieur à nous.* C'est, ajoute-t-il, l'humanité qui est *en nous,* la nature qui nous commande. Le commandement, qui est en nous, vient *de nous*.

L'équivoque est là.

Il n'y a, dans notre nature humaine, rien qui puisse vraiment nous dominer, *nous commander*, comme fait le devoir, sans condition, sans restriction. L'affirmer, c'est faire une pétition de principe. Pourquoi le commandement, qui vient *de moi, ne peut-il* être éludé à volonté ? On ferait bien de nous l'apprendre. On constate l'obligation morale (avec son vrai caractère, qui est de ne pouvoir être éludée) ; mais on ne l'explique pas.

On dira : c'est *la collectivité* qui m'est supérieure et qui me commande. Mais il n'existe rien de plus, comme supériorité *morale*, dans le total des volontés humaines que dans chacune d'entre elles ; elles ne changent pas plus de valeur que de nature en s'additionnant. L'association peut augmenter l'intensité de l'effort, elle n'introduit, comme qualité d'ordre moral, aucun élément nouveau. La supériorité morale dont il s'agit, impliquée dans le devoir, est aussi transcendante à l'homme collectif qu'à l'homme individuel.

On veut (c'est l'école sociologique) que le droit de commander soit venu de l'habitude prise par le groupe social de *regarder comme* impératives et sacrées les prescriptions du chef du clan. Fort bien, s'il s'agit seulement d'expliquer *comment on apprend* les règles morales ; mais il s'agit de justifier les règles et d'en raconter l'origine ; on doit donc nous apprendre d'où vient que la conscience humaine a pris ces habitudes, *pourquoi* elle a *regardé comme* impératives les prescriptions d'un chef. On énonce un fait, on n'explique pas une obligation ; on recule une difficulté, on ne la résoud pas.

b) On joue sur les mots.

On parle de *l'ascendant du vrai et du beau* sur l'âme ; et on l'assimile à *l'ascendant moral du devoir.*

Mais il faut nier la parité. Ni l'ascendant du vrai, ni celui du beau, ne sont identiques à l'obligation morale ; ils ne sont *jamais impératifs.* Or c'est précisément la *différence* qu'il faut expliquer : pourquoi le bien est impératif (sans nécessité, car c'est le vrai caractère de l'obligation, qui oblige sans contraindre) ; pourquoi le vrai, le beau, ne le sont pas. Ni la *persuasion esthétique,* si vive soit-elle, ni la *démonstration logique,* si pressante qu'on l'imagine, ne peuvent être comparées à *l'obligation morale ;* l'élément moral (le devoir) n'y apparaît même pas. Or c'est son apparition qu'il faut expliquer, c'est-à-dire cette force impérative, bien supérieure à un ascendant mystérieux, et qui n'a rien pourtant d'une contrainte ou d'un déterminisme.

c) On fait diversion...

On nous dit : « Je puis, moi laïque, me sentir obligé, et je me sens tel en effet, sans entendre dans cette obligation *la voix de Dieu* ».

Sans doute ; mais ceci ne fait rien à la question présente. C'est *une diversion,* qui laisse entier le problème.

La connaissance de Dieu n'est pas explicite dans le commandement que fait la conscience ; c'est vrai. A ce point de vue, la conscience laïque et la conscience religieuse se ressemblent ; toutes les deux formulent le devoir. Mais nous ne pouvons nous en tenir à cette simple constatation du fait de conscience, qui consiste à dire : toute conscience humaine formule le devoir. De ce devoir, ainsi formulé, la science des mœurs cherche la raison ; ce phénomène, elle l'analyse ; ce fait, elle l'étudie ; c'est l'objet de la Morale. Quiconque fera cette analyse, verra que le commandement moral implique Dieu, ou qu'il demeure sans fondement :

> Avant de connaître explicitement Dieu, il peut y avoir, il y a obligation. L'enfant se sent obligé à obéir à son père, le sauvage sent vis-à-vis de ses chefs une obligation analogue. Pour eux la question de Dieu ne se pose pas. Leur obligation n'en demeure pas moins implicitement fondée sur l'idée, sur l'existence de Dieu. Car s'ils obéissent, et s'ils se sentent obligés à l'obéissance, c'est parce qu'ils reconnaissent dans le commandement du père ou du chef une valeur supérieure à la leur propre, à celle de leurs caprices ou de leurs désirs individuels. Ils ne remontent pas au-delà. Pour eux cette valeur est un absolu. Quand ils pourront réfléchir, quand ils reconnaîtront les imperfections de cette valeur, pour que puisse subsister le sentiment de l'obligation, ils devront remonter plus haut, et de valeur en valeur, explicitant sans cesse les raisons de l'obligation, ils devront, s'ils ne veulent pas laisser se dissoudre et s'évaporer l'impératif du devoir, remonter jusqu'à l'absolue et parfaite valeur, c'est-à-dire à Dieu... (1).

Ou bien le problème de l'obligation ne sera même pas posé, et alors on fait œuvre d'enfant ; ou, le problème posé, on ne le résoudra pas sans Dieu.

M. G. DE LAMARZELLE, de son côté, fait *le recensement des morales récentes* (2) ; il examine tour à tour la morale Kantiste, le conformisme social, la morale du progrès, de la Science, de la Solidarité. Il cite l'opinion de M. Raymond POINCARÉ (3), qui édifierait volontiers la morale sur « les vérités courantes incontestables » ; aveu d'impuissance, car, du même coup, la morale est à la merci de la mode ; on ne l'abandonne plus aux systèmes, déclarés tous ruineux, mais on la livre aux

---

(1) FONSEGRIVE, *Revue prat. d'apologétique*, 15 janv. 1913.

(2) *A la recherche d'une morale laïque.* Société bibliographique, n° 8 (de Gigord), 1913).

(3) Le *Manuel général de l'Instruction primaire*, 16 sept. 1912.

caprices de l'opinion ou des passions, ce qui est la pire destinée. C'est bien la « faillite du rationalisme ».

RÉCENTS AVEUX

(*) Nous omettons ici les pages 115 à 121 de la première édition, avec le regret de sacrifier ainsi une page importante de M. Eug. TAVERNIER sur la neutralité athée (Correspondant, 15 juin 1913, Un peuple athée), et une autre, de M. E. Melchior DE VOGÜÉ dans l'Exposition du Centenaire sur la Déclaration des Droits de l'homme, auxquels Droits il manque pour être applicables, trois choses : un support, un correctif, une sanction (Pages choisies de M. DE VOGÜÉ, Plon, 1912, p. 125).

2. LE « DROIT DE L'ÉTAT »

On scandalise l'enfant en lui proposant, sous le déguisement laïque, une profession de foi opposée à celle du baptême, une contre-religion.

Mais on rend le scandale plus notoire et plus grave, en l'imposant. Ce que l'on fait, équivalemment, en proclamant le droit de l'Etat à entreprendre pour son compte, sans la famille, et au besoin contre elle, l'éducation de l'enfant, cette éducation que l'Etat veut séparée et laïque, toute à son image.

Il est devenu urgent de rappeler avec précision aux parents, que l'audace jacobine déconcerte ou ébranle, que l'enfant *appartient au père de famille avant d'appartenir à qui que ce soit, Dieu excepté,* premier et seul Maître, de qui toute paternité dérive.

On a pu, souvenir triste à rappeler, épiloguer sur le sens de cette formule, devant une Chambre française dont la majorité ne demandait qu'à maintenir une équivoque grossière au profit de ses desseins.

Dire de l'enfant *qu'il n'est pas la propriété du père et*

de la mère, c'est, dans l'espèce, créer à l'aide des mots les plus clairs une confusion malheureuse. La personne humaine ne sera jamais la propriété absolue de qui que ce soit, c'est évident. Aussi n'est-ce pas ce que nous entendons déclarer en exigeant que l'enfant appartienne à la famille avant d'appartenir à l'Etat. Le droit du père et de la mère sur l'enfant est *limité*, c'est clair, comme le sont tous les droits que l'homme exerce sur l'homme ; ils ont tous pour limite le devoir fondamental, imposé à toute créature, de servir le même Dieu, de respecter sa volonté, d'exécuter ses commandements. Aussi n'est-il pas permis aux parents d'élever leurs enfants comme il leur plaît, sans tenir compte du dessein et de la volonté de Dieu, qui appelle ses créatures intelligentes à la condition surnaturelle. Mais s'autoriser de cette restriction pour contester aux parents, vis-à-vis de l'Etat usurpateur, un droit d'enseignement, d'éducation, de formation intellectuelle et morale, que l'Etat prétend exercer sans eux et malgré eux ; jeter cette formule retentissante, à double sens, comme un gage à des hommes dont l'œuvre malfaisante est avérée par des aveux cyniques ; c'est faire dévier maladroitement la défensive la plus urgente et la plus autorisée, celle que les *Evêques de France* ont inaugurée par une *Lettre collective* où ils disent :

« C'est à vous, pères et mères, que les enfants appartiennent, puisqu'ils sont l'os de vos os, la chair de votre chair ; et c'est vous qui, après leur avoir donné la vie, avez le droit imprescriptible de les initier à la vie de l'âme ».

Dire que l'enfant « n'appartient pas à son père et à sa mère », l'affirmer pour tenir en échec une résistance chrétienne motivée par des projets impies, c'est soutenir *un scandaleux paradoxe*.

Le *rôle de l'Etat* ne saurait être antérieur à celui de la famille, parce que, chronologiquement et logiquement, la famille le précède, avec charge de pourvoir à l'entretien et au progrès de l'enfant.

D'un autre côté, le devoir de l'Etat est d'agir dans le même sens que la famille, et de continuer son œuvre, parce qu'il appartient à la famille de donner à l'enfant, dont elle est providentiellement responsable, son orientation dans la vie.

Action *postérieure*, action *convergente* ; enfin action *complémentaire*, qui n'intervient que pour parfaire le travail, en offrant aux familles les locaux, les subsides, l'aide officielle que le *bien commun* réclame.

Ce « bien commun » dont l'Etat est chargé par office comprend deux éléments essentiels : 1° sauvegarde des droits de chacun ; 2° concours, aide, complément de l'initiative privée. Or, le droit d'enseigner l'enfant (ainsi s'exprime M. Dehove dans une brochure que nous allons citer) est tout entier du ressort de l'initiative privée, par la famille (1) :

L'initiative privée est ici représentée avant toute chose par la famille, justement. Or la famille est le fondement même de l'Etat, la véritable « cellule sociale », comme on a dit ; elle existe avec tous ses droits et prérogatives, avant l'Etat ; elle est plus nécessaire que l'Etat, car enfin elle est une nécessité d'*existence* pour le genre humain, qui *périrait* sans elle, au lieu que l'Etat ou la société politique n'est, après tout, qu'une nécessité de *développement* pour le même genre humain, qui *végéterait* sans elle, tout simplement (2). Et lorsque les familles, au terme de leur évolution spontanée, se groupent ou s'associent sous forme d'Etat, ce n'est pas pour y perdre leurs droits et leurs attributs essentiels, mais,

---

(1) H. Dehove, *Le Droit des Familles vis-à-vis de l'Etat en matière d'enseignement et d'éducation* (Editions des Quest. Ecclésiastiq., n° 99, juin 1911).

(2) A. de Margerie, *Le Comte Joseph de Maistre*, p. 167.

tout au contraire, pour y trouver la sauvegarde des premiers, et aussi de quoi compenser l'insuffisance éventuelle des seconds. Donc, en matière d'enseignement et d'éducation comme en toute autre matière, l'Etat ne peut que protéger et avantager l'initiative privée, c'est-à-dire l'initiative familiale, il n'a pas le droit de la supplanter.

En matière d'enseignement et d'éducation, comme en toute autre matière, c'est même *plus* qu'en toute autre matière qu'il faudrait dire, puisque c'est surtout à cet égard que l'antériorité de la famille sur l'Etat resplendit, en droit comme en fait, dans une lumière éclatante. Comme si *autorité*, ainsi qu'on en a souvent fait la remarque, ne venait pas d'*auteur*, et comme si les auteurs de l'enfant n'étaient pas, après Dieu, le père et la mère, et non pas, apparemment, l'Etat ! Comme si, d'autre part, l'éducation, avec l'enseignement qui en est inséparable, n'était pas une formation *directe* de l'âme, comme si elle ne supposait pas dès lors sur l'âme de l'enfant une autorité *immédiate* ; comme si elle ne répondait non plus avant toute chose à un intérêt *personnel* ou *privé* de l'enfant et de la famille, et comme si, dans l'ordre de la seule nature, cette autorité immédiate sur l'âme de l'enfant, le père et la mère n'étaient pas seuls ici-bas à la posséder, comme si cet intérêt privé de la famille ou de l'enfant même, ils n'avaient pas seuls qualité pour en décider ! Comme si, enfin, l'Etat avait, à l'opposé, pouvoir et action dans un autre domaine que dans celui des choses *extérieures*, comme si l'Etat avait la garde et la gestion d'autre chose que des intérêts *généraux !*

On voit bien l'objection qu'à ce propos certains nous opposeraient sur-le-champ : Mais la société n'est-elle pas justement intéressée, et au suprême degré, à ce que les enfants, c'est-à-dire les futurs citoyens, reçoivent une bonne éducation ? et l'Etat, organe du pouvoir social, n'est-il pas fondé par là même à prendre l'affaire en mains ?

— Eh ! sans doute la société est grandement intéressée à la formation de ses membres, de ses futurs membres, mais *c'est justement pourquoi l'Etat doit laisser agir en toute liberté, bien plus favoriser de tout son pouvoir l'initiative familiale,* aussi longtemps qu'elle ne va pas à l'encontre du bien commun dont il a la charge : et c'est celui-ci, *c'est le bien commun lui-même qui l'exige.* Car 1° entre tous les éléments dont le bien commun résulte, l'un des plus essentiels se trouve précisément être la libre jouissance ou, si l'on préfère, l'exercice légitime des droits primordiaux que les individus (et les familles) tiennent de la nature même. Et 2° le bien commun requiert aussi le maximum de rendement, si je puis dire, de toutes les énergies en jeu dans la société ; or, en matière d'éducation, l'intérêt privé de la famille (comme, par exemple, l'intérêt personnel de l'individu en matière de propriété) est, règle générale, le stimulant le plus énergique de l'effort à bien faire, en même temps que la garantie la plus sûre de sa réussite et de sa pérennité :

> Leur intérêt nous répond de leur zèle.

Aussi longtemps, donc, que l'initiative privée, en l'espèce celle des pères et mères de famille, ne porte aucune atteinte à l'ordre public ou à la prospérité commune, l'Etat n'a, en toute rigueur, qu'une chose à faire... qui est de la laisser faire.

De son côté, le P. G. Sortais, dans un ouvrage sur la liberté d'enseignement (1), étudie les droits de l'enfant, et les devoirs respectifs de la famille, de l'Etat, de l'Eglise, vis-à-vis de ces droits. Il établit les titres indiscutables de la famille, qui sont, de toute manière, les premiers ; l'Eglise ne se substitue pas à la famille, mais elle exerce sur l'enfant une maternité spirituelle, destinée à compléter l'autre. Quant au « droit de l'Etat », il doit être récusé, parce que, en s'ingérant dans l'éducation, il irait à l'encontre de la liberté de la famille ; et puis parce qu'il n'a _pas, par lui-même, les qualités nécessaires pour se livrer à ce travail de patience qu'est la formation de l'enfant (2).

Le cardinal Billot, dans son *Traité de l'Eglise*, traite comme suit la théologie du sujet, après avoir rappelé qu'en vertu du Sacrement de Mariage, toute l'éducation

---

(1) G. Sortais, *La crise du libéralisme et la liberté de l'enseignement* (Lethielleux, 1913).

(2) Le P. Sertillanges traite le même sujet dans *La Famille et l'Etat dans l'éducation* (Gabalda, 1907). — 1. Le droit de la famille ; 2. Le droit de l'Etat ; 3. Partage de fait entre l'une et l'autre ; 4. Gratuité, laïcité, obligation ; 5. Education morale et religieuse. — Nous avons signalé plus haut l'article du P. X. Moisant sur *l'Ecole*, dans le *Dict. de Théologie*.

de l'enfant est, de droit, soumise au gouvernement de l'Eglise :

On remarquera ici l'extrême différence qu'il y a, en matière d'éducation, entre l'Eglise et l'Etat. — C'est un principe inviolable et sacré, que les attributions du pouvoir civil se mesurent d'après les exigences du bien qui doit être procuré par la société. Or ce bien (social) demande que le pouvoir civil ne s'ingère pas témérairement et à tout propos dans les affaires des particuliers. Car si la vie sociale existe, c'est pour que les hommes réalisent en s'unissant ce qu'ils ne peuvent obtenir à eux seuls. Pour cela, il faut que l'activité individuelle soit aidée, et contenue dans de justes limites, sans doute, mais non pas annulée ou opprimée, ce qui serait contre l'ordre de la nature. Aussi, là où la nature elle-même a pourvu suffisamment au bien de l'individu ou de la famille, l'administration publique ne doit pas intervenir. — Et parce que, en matière d'éducation, pour ce qui regarde le rapport de l'éducation avec la fin dernière, l'Etat ne possède aucun droit propre ; parce que, par ailleurs, en ce qui regarde l'éducation dans son rapport avec les intérêts du temps, la nature a préparé abondamment les secours, l'éducation de la jeunesse se trouve soustraite à la juridiction civile ; le seul office qui incombe au pouvoir civil est d'empêcher les excès du pouvoir paternel, et de protéger les droits de l'enfant contre les parents dénaturés. — D'un autre côté, comme dans l'économie présente (de nature élevée à l'ordre surnaturel) il faut que l'enfant soit élevé dans la religion surnaturelle ; comme il appartient à l'Eglise d'enseigner cette religion et d'en procurer le bienfait, parce que l'un et l'autre lui ont été confiés ; il est clair que l'éducation des enfants n'est du ressort des parents que sous la dépendance de l'autorité et de la direction de l'Eglise : dépendance directe, en tant que l'éducation consiste avant tout et principalement à former un adorateur de Dieu, un chrétien comme tel ; dépendance indirecte, en ce qui regarde les lettres et les sciences, car il ne faut pas qu'à l'occasion de diverses disciplines la religion ou les mœurs soient exposées à quelque détriment (1).

On relira aussi volontiers, sur cette grave et délicate

---

(1) *De Ecclesia*, question XI, thèse XXIII, p. 472. — L'éminent auteur signale ensuite les documents d'histoire qui fixent ce droit de l'Eglise en matière d'éducation. Il cite aussi les propositions

question, ce que Mgr CHOLLET écrivait en 1911 dans un ouvrage didactique publié sous ce titre : *Les enfants, question du temps présent* (Lethielleux, 1911) (1).

La *Lettre* collective de l'Episcopat français du 14 septembre 1909 (2) fait autorité sur la question. C'est pour nous, en ces matières, après les enseignements du Saint-Siège, le document principal. Elle est reproduite *in extenso* dans l'ouvrage de Mgr GOURAUD, évêque de Vannes (3). *Pour l'action catholique.*

3. La Répartition scolaire

Ce que les idéologues et les théoriciens font avec des lois, des projets, des maximes et des mesures de haine, d'autres, plus habiles, mais non pas moins méchants, le pratiquent sans phrases. Ils ne forgent pas de nouvelles armes, ils se servent adroitement de celles qui existent.

Ceux-là ne persécutent pas. Il leur suffit de laisser peser sur une majorité imposante de citoyens français des charges écrasantes, en les invitant ironiquement à se libérer de ce joug. Se libérer, les catholiques ne le peuvent-ils pas ? Ils n'ont qu'un geste à faire : au lieu

---

45 à 48 du *Syllabus*. Ces mêmes propositions sont exposées et commentées par le P. L. CHOUPIN, *Valeur des décisions...* (Beauchesne, 1913), p. 325 et suiv. Le Bref de PIE IX à l'archevêque de Fribourg, 1864, est cité là presque tout entier.

(1) Nous en avons rendu compte en détail dans *Pour lire les beaux livres*, p. 297-304.

(2) Voir *Quest. Actuelles*, t. CIII, p. 257.

(3) 3e Partie, ch. 3. *L'Ecole* : 1° *L'Ecole et l'Etat* ; 2° *L'Ecole et la Famille*, p. 297 à 315, et à ce propos la *Lettre des Evêques de France*, avec la liste des manuels condamnés ; 3° *L'Ecole et l'Eglise* ; ce que vaut la prétendue « défense de l'école laïque », p. 319. — *Action Populaire*, Reims, 1913.

Le *Guide juridique du Clergé* (L. CROUZIL et T. CATTA, chez Beauchesne), traite, sous le titre II, la question de l'Enseignement libre.

de s'obstiner à entretenir la division dans le pays en ouvrant à grands frais et en soutenant de leurs deniers des écoles confessionnelles, qu'ils envoient leurs enfants aux écoles de l'Etat, obligatoirement laïques, et le fardeau trop lourd se trouvera allégé...

Il est nécessaire, le bon sens, l'équité, la religion tout ensemble l'exigent, que la *Répartition proportionnelle scolaire*, déjà très accueillie, triomphe chez nous.

Le maintien de la répartition léonine, qui est la victoire de l'Etat laïque, serait à la fois une tyrannie et une calamité ; elle laisserait subsister au profit d'une caste politique (et d'une secte) un privilège exorbitant, que ne compense aucun service, que n'exige aucune raison de sécurité ou de progrès, que tout dénonce plutôt comme *un abus*.

On ne saurait trop agir contre la Répartition des subsides d'écoles, telle qu'elle est légalement organisée en France. Les régimes les plus autocratiques oseraient à peine se la permettre. Elle prend un aspect plus criant encore sous un régime dit égalitaire ou démocratique.

Rappelons, la question n'étant pas neuve et n'ayant besoin que d'être résumée, *quelques motifs qui rendent nécessaire la Répartition proportionnelle scolaire* (1).

1° Ce qu'en pensent les « laïques ».

Elle est *repoussée avec indignation* par M. F. BUISSON, dans le manifeste déjà cité de l'école neutre : la « foi laïque » n'y saurait consentir. La R. P. S. est intolérable,

---

(1) L'ouvrage classique sur la question est celui qu'a publié l'*Action Populaire*, cinq études avec une conclusion, sous ce titre : *La Répartition proportionnelle scolaire.* Plus modeste de format, mais très informé, un *tract* de J. CROIS, inséré dans *Peuple de France*, n° 18, donne l'essentiel du sujet, sous le titre : *Pour les petits écoliers.*

parce qu'elle fait tort à l'unité, elle divise la France ; elle suppose ou prépare l'établissement d'écoles confessionnelles que l'on pourra fréquenter, auxquelles l'Etat donnera des subsides, où les esprits seront pliés au joug de quelque religion ; ce serait la ruine de l'œuvre républicaine ; comment y penser sans frémir ?

Ce n'est pas que M. F. Buisson consente au monopole, ou le réclame : hérissé de difficultés, funeste à l'émulation, impopulaire, le monopole ne devrait être employé qu'en cas d'extrême nécessité, pour réduire à merci l'offensive cléricale...

Mais il veut renforcer l'obligation ; il y voit le salut de l'école laïque, moyennant quelques pénalités énergiques qu'une loi porterait contre les adversaires de l'école neutre. On étendra la durée de la présence obligatoire ; on l'obtiendra en dépit des parents, par une vigilance continue, par des sanctions rigoureuses. Et de ce chef encore, M. F. Buisson et ses pareils repoussent la R. P. S.

Mais il n'est que trop facile de leur montrer que précisément l'*obligation* (et avec elle *la gratuité*) rend plus nécessaire la Répartition que nous exigeons. M. Maurice DE GAILHARD-BANCEL le fait remarquer,

c'est au nom même des principes qui régissent notre enseignement public que la R. P. des subsides s'impose entre les écoles légalement admises à fonctionner. Elle est *le correctif nécessaire du principe de l'obligation scolaire ;* car s'il entre dans les légitimes attributions de l'Etat de veiller à ce que tous les enfants d'un pays reçoivent le minimum d'instruction sans lequel ils seraient insuffisamment armés dans la lutte pour la vie, la puissance publique excède manifestement ses pouvoirs en contraignant les pères de famille, dans les trois quarts des communes de France, à confier leurs enfants à des écoles qui ne sont pas les continuatrices de leurs pensées ou de leurs traditions familiales.

Si l'obligation, sans la R. P. S., est un abus de pouvoir, la *gratuité* sans elle n'est qu'une duperie, puisque dans

presque toutes les cités où l'école chrétienne s'est élevée à
côté de l'école neutre, les pères de famille qui préfèrent la
première se voient chargés d'un double impôt : celui qu'ils
consentent à verser à l'école libre sous forme de rétribution
scolaire, celui qu'ils versent au percepteur pour l'entretien
des palais scolaires et des maîtres laïques dont ils ne veulent
pas. — Ces contraintes et ces charges exceptionnelles sont
d'autant plus intolérables qu'elles constituent la négation
du principe de la liberté d'enseignement qui reste, malgré
tant d'entreprises hostiles, à la base de l'éducation nationale,
et que le régime scolaire actuel viole en réduisant à une
condition inférieure les bons citoyens qui croient devoir
en user (1).

2° *Sur quels principes elle repose.*

La Répartition proportionnelle scolaire repose sur des
principes *clairs*, accessibles à tous ; deux surtout, *indiscutables.*

A) Le père de famille a le droit de diriger lui-même
l'éducation de ses enfants. Ce droit, il le tient de sa
paternité, il ne le reçoit pas de l'Etat par délégation.
Il a donc le droit de choisir pour son enfant les maîtres
qui devront l'instruire et l'élever. L'Etat n'a ici qu'un
droit de contrôle et d'aide secondaire.

B) Comme tous les citoyens participent aux charges
publiques par l'impôt, et sont égaux en droits civiques,
les fonds publics affectés à l'instruction doivent être
répartis entre les écoles sans distinction, au prorata
de leurs élèves (de leurs succès, si l'Etat exige des
garanties de ce genre, et il en a le droit).

Quand il s'agit de l'*application* de ces principes, on
tiendra compte, évidemment, de certaines situations et
nécessités de fait. Mais ces nécessités n'ébranlent pas les
principes, et *ne rendent pas la R. P. S. pratiquement
impossible.*

---

(1) *Revue pratique d'Apolog.*, 1er juin 1913.

Considérons deux espèces.

A) La R. P. S. *communale*. Là, aucune difficulté. Les circulaires ministérielles et le Conseil d'Etat reconnaissent à la commune le droit de venir en aide, par des subventions facultatives (livres, fournitures, éclairage, chauffage, cantines, vêtements) aux familles pauvres. La Caisse des Ecoles est autorisée dans ce but. Directement, la commune ne peut subventionner que les écoles officielles ; mais indirectement, par des secours aux familles pauvres, elle peut aider toutes les écoles sans distinction (1).

B) La participation directe de toutes les écoles, publiques ou privées, au budget de l'Etat. Ce serait la R. P. S. *proprement dite*.

Il faut tenir compte, ici, de la situation de fait, c'est-à-dire du système de la *neutralité officielle*, qui ne permet pas à l'Etat de favoriser une école confessionnelle.

Tant que le principe du libre choix ne devient pas légal, la R. P. S. légale ne peut être espérée, sans doute ; mais on peut et on doit agir pour que ce principe triomphe, aux dépens du monopole déguisé, ou privilège de l'école neutre.

Mais enfin, en attendant, la situation étant ce qu'elle est (la neutralité demeurant légalement imposée), pouvons-nous vouloir et faire que les subsides soient répartis au prorata des élèves entre toutes les écoles ?

C'est le *point délicat* du problème.

Certains estiment (2) que cette faveur, égale pour

---

(1) Un bulletin-tract (Tours, rue du Belvédère, 16 *bis*) de mai 1920, *L'Etendard*, cite les décisions du *Conseil d'Etat* et les déclarations du *Gouvernement* relatifs à cette question de droit.

(2) Voir *Revue du Clergé Français*, 1er janv. 1913.

tous, appellerait aussitôt sur le pays de grands malheurs. Il y aurait les écoles de la C. G. T., et combien d'autres, subsidiées par l'Etat.

Mais il ne faudrait pas grossir trop ce danger, ni oublier pour autant les principes d'équité que ferait prévaloir la R. P. S. intégrale.

M. l'abbé DANSET a fait à propos de cette objection (1) les remarques suivantes : 1° l'objection est *inopportune* ; c'est au moins, à l'heure qu'il est, une faute de tactique ; 2° il y a une *exagération* manifeste dans la crainte de voir demain toutes les erreurs, tous les systèmes, réclamer leurs privilèges et leurs écoles ; 3° on suppose à tort que, dans le cas de ces instances, l'Etat resterait désarmé ; c'est gratuit, sans fondement. La liberté, même subsidiée, ne cesserait pas d'être contrôlée par l'Etat, lequel resterait maître, dans l'intérêt du bien commun, de supprimer les écoles de désordre et d'anarchie ; 4° on veut que la séparation de l'Ecole et de l'Etat ne soit pas plus désirable que celle de l'Eglise et de l'Etat (c'est où tend l'objection)... La séparation, c'est vrai, est un pis-aller. Mais si l'on doit conclure, par analogie, de l'union souhaitable de l'Eglise et de l'Etat à celle de l'Ecole et de l'Etat, il n'est pas requis que cette alliance se fasse avec l'Etat éducateur, et par l'Ecole officielle. Et la R. P. S. dont nous parlons n'est-elle pas précisément une des formes de cette *alliance désirable* ?

3° La preuve des faits.

La Répartition proportionnelle scolaire a pour elle l'avantage du succès. Elle n'est en retard que chez nous. Ailleurs, elle a subi victorieusement l'épreuve de l'expé-

---

(1) *Revue de l'Action Populaire*, 10 mars 1913. La *Revue du Clergé français* a reproduit cet article.

rience. Epreuve, ici, fait preuve. On a montré, documents à l'appui, qu'elle a cause gagnée en Hollande, où la loi de Pacification a fait de l'enseignement privé une partie de l'enseignement national, et l'a mis sur un pied d'égalité avec l'enseignement public, au point de vue des subsides de l'Etat, des pensions de retraite, de la collation des grades, etc. De même en Belgique, où le système des écoles adoptées réalise déjà pour une part cette distribution équitable.

4° Nul péril doctrinal.

La R. P. S. n'offre pas le *péril doctrinal du libéralisme*, que le lecteur aura peut-être deviné dans l'objection précédente.

Il n'est pas exact qu'en réclamant la R. P. S. on fasse le jeu de l'ennemi, *en adhérant au principe du libéralisme doctrinal*, qui reconnaît à toutes les opinions, à toutes les doctrines, des droits égaux, qui met sur le même pied, pour leur donner droit aux mêmes subsides, toutes les philosophies et toutes les religions.

La revendication que nous formulons n'entraîne pas nécessairement cette conséquence. Quand même, en fait, toutes les religions voudraient et pourraient en profiter (danger chimérique, avons-nous dit), ce n'est pas au nom de ce prétendu *droit égal* que nous réclamons la Répartition proportionnelle.

Nous la demandons pour *faire cesser les abus* d'un système criant, qui inflige à une catégorie importante de citoyens français, du seul fait de la religion catholique qu'ils professent, une infériorité, une incapacité, une inégalité, au regard des subsides publics, auxquels par ailleurs ils contribuent autant que les autres citoyens.

L'Etat peut et doit faire d'une manière égale la répartition des secours scolaires.

En exigeant cela, nous ne demandons, aux pouvoirs publics, *à défaut de la faveur*, que l'application effective des principes d'égalité, de liberté, de respect des croyances dont il ne cesse de se réclamer. Pas d'exception, disons-nous, sous un régime dit de liberté pour tous. Pas de privilège laïque.

Mais en réclamant cette égalité de traitement, nous laissons intacte *la thèse*. La thèse, c'est le *droit exclusif ou prépondérant de la vérité à se produire, et à recevoir les subsides de l'Etat*. C'est faute de mieux que nous nous résignons à l'égalité pratique, seule possible provisoirement, dans l'*hypothèse* ; et cette tolérance pratique laisse entière la doctrine, ou la thèse.

On ne peut donc pas voir, dans cette revendication, une concession aux doctrines libérales.

C'est dans ce sens que parlait, avec beaucoup de fermeté, Mgr LEMONNIER, évêque de Bayeux (avril 1913), aux jeunes gens de la *Jeunesse Catholique Française* réunis en congrès à Caen (1). Ce congrès a porté presque uniquement sur cette question. C'est tour à tour l'histoire, les principes, l'organisation, la propagande de la R. P. S. qui ont été considérés et traités.

Sur ce terrain comme sur les autres, l'*action catholique* sera d'autant plus décisive qu'elle sera plus *intégrale*. Une action intégrale, dans l'espèce, pousserait vaillamment *jusqu'au bout le principe* de la répartition proportionnelle scolaire, et s'attaquerait, par une offensive résolue, à l'établissement scolaire public, pour amener le « désétablissement » de l'école laïque. M. Y.

---

(1) Voir *Etudes*, 5 mai 1913.

DE LA BRUÈRE en exprimait ainsi le vœu à propos du Congrès de Caen :

Dans l'enseignement primaire, secondaire et supérieur, les écoles seraient constituées, organisées, régies par des associations autonomes, les unes laïques et les autres confessionnelles. L'école laïque cesserait d'être un établissement officiel, pour devenir une école libre soumise en toutes choses au même régime légal que l'école confessionnelle. On ne conserverait plus d'école publique et officielle que dans les communes où l'initiative privée, même stimulée par les subventions budgétaires, n'aurait pas déterminé l'ouverture d'écoles autonomes. L'État se contenterait, normalement, d'exercer un contrôle supérieur, pour la sauvegarde légitime de l'ordre public, et de pourvoir à l'équitable distribution des ressources budgétaires entre les écoles laïques et les écoles confessionnelles, en proportion même des charges auxquelles les unes et les autres seraient tenues, respectivement, de subvenir.

Il nous semble que ce régime présenterait un double avantage. D'une part, l'école laïque perdrait le prestige et les privilèges d'école officielle, la concurrence entre l'école laïque et l'école confessionnelle se ferait à armes égales, et, par le seul jeu de la complète liberté ainsi rendue au choix du père de famille, l'enseignement confessionnel gagnerait indubitablement des recrues en proportion considérable. D'autre part, les maîtres de l'école laïque, cessant d'être fonctionnaires de l'État, seraient affranchis des influences extra-professionnelles, libérés de la tyrannie des politiciens, dont ils se plaignent à si juste titre : tout ce qu'il y a de raisonnable dans les revendications corporatives des instituteurs syndicalistes ne se réalisera peut-être que par le « désétablissement » de l'école laïque.

AGIR

L'âme de l'enfant est menacée. Il y a danger grave. Courons à l'ennemi. Il est temps de s'associer davantage, pour *agir* mieux ; par les *Associations de chefs de famille* (1).

---

(1) Sur ces *Associations*, sur leur origine, leur but, leur organe, voir le *Manuel pratique d'Action religieuse*. (Action Populaire, 1913, p. 624).

Les chefs de famille, ce sont les *hommes*. Mais les *dames* ne sont pas, ne doivent pas être étrangères aux résolutions qui intéressent le salut des enfants ; l'action des mères de famille ne saurait être trop persuasive sur ceux que parfois le respect humain ou l'indifférence détournerait du grave *devoir d'agir*.

Il faut agir, c'est le conseil pressant de Mgr GOURAUD ; et nous resterons sur cette exhortation. Il faut agir, *sans illusion, sans regret, sans découragement* (1) ; la discipline et l'union assureront le succès.

----

(1) *Pour l'Action Catholique*, p. 7.

— On sait comment, à propos des *Bourses* d'enseignement, la question de la R. P. S. a été nettement posée devant l'opinion et devant les législateurs en juillet 1920. (Discussion au Sénat, 29 juillet 1920 ; voir *Document. Cathol.*, 14 août.)

— Sur cette question, délicate et complexe, des droits respectifs de la Famille et de l'Etat, dont nous venons de traiter ici, retenons une formule, citée par le R. P. A. Bessières avec éloges à propos de deux ouvrages où la question scolaire est étud'ée (Pierre DUFRESNE, *La réforme de l'Ecole primaire* ; — Alb. VINCENT, *L'Ecole rurale de demain*. Nouv. Libr. Nation.) : «*L'instituteur enseigne le vrai et le bien, sous le contrôle et la garantie de l'Etat, au nom et pour le compte des pères et mères de ses élèves* ». C'est le programme de M. DUFRESNE. Voir *Etudes*, 20 août 1920, une recension de ces deux ouvrages.

CHAPITRE V

VOCATION ET VOCATIONS

Il est toujours actuel de s'occuper de son devoir. Or, le devoir, c'est *la vocation* qui le précise ; elle seule le fait connaître, et donne le goût de l'accomplir. N'attendons rien d'un homme qui ne se croira pas dans sa vocation. Ne se croyant appelé à rien, ignorant même s'il existe pour l'homme un appel, un devoir, un but, quelqu'un à honorer ou quelque chose à faire, il va sans confiance, incertain de ses voies ; d'où lui viendrait l'audace, et à quoi se dévouerait-il ?

On ne fait rien sans vocation.

Mais encore, que signifie *ce mot ?* Que contient-il ?

Il n'est que trop facile de le prodiguer ; il est évocateur, il sonne bien dans la phrase, il plaît à l'oreille et à l'esprit ; il se prête aux déclamations et aux rêveries, il a le prestige des mots dans lesquels tient un peu d'espérance et d'avenir... Les mots sont complaisants, un peu trop parfois.

Examinons d'un peu près celui-ci. La vocation, ne serait-ce qu'*un mot ?*...

Trois parties dans notre sujet :

1. *La controverse récente,* au sujet de la vocation sacerdotale ;

2. *La vocation, en général ;*

3. *Les vocations.*

1. UNE CONTROVERSE RÉCENTE

Deux opinions se sont trouvées récemment en présence au sujet de la *Vocation Sacerdotale.*

Question réservée, dira-t-on. Soit ; mais pas tellement que les spécialistes doivent être seuls à la connaître, et qu'elle soit interdite aux fidèles. Le *recrutement du sacerdoce* est un des plus graves soucis de l'heure présente. Il n'est donc pas de *famille chrétienne* qui puisse se désintéresser de *la vocation du prêtre.*

En quoi consiste cette *vocation* du prêtre ? Quelles sont ici ces deux écoles en présence ?

M. le chanoine LAHITTON, professeur au grand séminaire de Poyanne, en 1909 dans *La vocation sacerdotale,* en 1910 dans un second ouvrage intitulé *Deux conceptions divergentes de la vocation sacerdotale*, a exposé une théorie, qui pouvait sembler insolite, de la vocation sacerdotale.

Sans nier, bien entendu (personne n'y a jamais songé quand il s'agit du prêtre), que la vocation vienne de Dieu, qu'elle soit *un appel de Dieu*, il pense que c'est *l'évêque*, l'évêque seul, qui, en notifiant officiellement au jeune clerc cette vocation, divine dans son principe, *la lui fait* connaître et, en un sens très exact, la lui donne.

Il allait ainsi à l'encontre de certaine opinion assez admise, d'après laquelle, antérieurement à l'appel de l'évêque, il est indispensable que le séminariste, ou l'enfant qui songe à l'autel, ait entendu l'appel de Dieu, soit par une voix intérieure, soit par un attrait impérieux, le plus souvent irrésistible, que l'on appelait vocation.

Voici, telles que les expose l'auteur, *les deux opinions* en présence :

Etant donné que Dieu appelle au sacerdoce, comment l'appel de Dieu est-il intimé à ceux qui en sont l'objet ?

Une opinion trop répandue répond : l'appel de Dieu est intimé au sujet par des aptitudes, des goûts, des attraits qui lui révèlent, et révèlent à ceux dont il relève (parents, curés, professeurs, confesseurs, etc.) qu'il est divinement marqué pour le sacerdoce. L'appel est en lui, il n'y a qu'à savoir l'y découvrir ; c'est la tâche spéciale du directeur de conscience. Les directeurs de Séminaire, l'évêque lui-même n'auraient guère qu'à s'incliner devant cette vocation constatée, et à ordonner celui que Dieu appelle en dehors d'eux.

A cette opinion, nous avons opposé cette parole du Catéchisme de Trente : *Vocari autem a Deo dicuntur qui a legitimis Ecclesiæ ministris vocantur.* On dit appelés par Dieu ceux qui sont appelés par les ministres légitimes de Dieu.

L'appel divin est transmis aux candidats en vertu de

l'appel à eux adressé par les ministres légitimes de l'Eglise, par ceux qui ont juridiction au for extérieur : le Pape et les évêques.

Dans les candidats, préalablement à l'appel notifié par les chefs de l'Eglise, la *vocation* n'existe pas. Les aptitudes, les attraits ne sont pas la vocation, mais de simples *idonéités* à la recevoir. On peut les appeler *vocation en puissance*, au sens scolastique du mot. Et, dès lors, on aperçoit l'équivoque d'où sont nées toutes les confusions en cette matière. On a appelé vocation, vocation proprement dite, vocation en acte, ce qui n'était que vocabilité, vocation en puissance, *aptitude à recevoir la vocation* (1).

Certaine école avait depuis longtemps mis en honneur cette notion insuffisante de la *vocation-attrait* (2).

Une Commission cardinalice a été instituée par le Souverain Pontife pour étudier la question. Par décision

------

(1) *La vocation sacerdotale*, p. 49.

(2) Mgr D'HULST ne s'inspirait-il pas de cette école lorsqu'il écrivait, à propos de vocation, les lignes suivantes : « Les aptitudes ont besoin d'être contrôlées par le jugement d'autrui, et c'est pour cela qu'à l'entrée de ces carrières réservées qui s'appellent le sacerdoce ou la vie religieuse, l'Eglise a placé des barrières, et qu'auprès des barrières elle a constitué des gardiens. Il appartient aux pasteurs des âmes d'ouvrir ou de fermer la porte du sanctuaire ou du cloître, suivant qu'ils jugent que ceux qui en sollicitent l'entrée sont aptes ou impropres à un état si saint. Mais ce n'est pas là le *côté intime* ni *l'élément positif de la vocation*. Vous n'entrerez point, si vous n'êtes pas aptes, — ce qui n'est pas rare ; — vous ne demanderez pas à entrer à moins que Dieu ne vous attire.

Et qu'est-ce donc, Messieurs, que *cet attrait* ? Oh ! il est trop délicat pour qu'il soit aisé de le définir. Mais il est trop l'œuvre de Dieu pour qu'il soit possible de le méconnaître quand on l'a une fois senti. C'est une *action* mystérieuse et vive qui pénètre l'âme jusqu'en son fond, qui éveille en elle des idées sublimes, des désirs très nobles, des émotions très pures, des volontés très généreuses. C'est une *solidarité* étroite qui s'établit, au regard de cette âme, entre la forme de vie qu'il s'agit pour elle d'embrasser, et la mesure de vertu qu'elle est jalouse d'atteindre ; en sorte que si, pour d'autres, il n'y a pas de connexion nécessaire entre cette *forme de vie et la perfection morale*, pour elle, du moins, ces deux choses n'en font qu'une.

Elle désespérerait de monter au niveau où Dieu l'attend, si elle ne prenait ce moyen qui, par rapport à elle, semble être

du 15 juillet 1912, elle a donné raison, pour le fond, à M. LAHITTON, dans les termes suivants :

« L'ouvrage de l'éminent auteur le chanoine Joseph « LAHITTON, qui a pour titre *la Vocation sacerdotale*, ne doit « en aucune façon être réprouvé. Bien plus, en tant qu'il « établit les trois points suivants :

« 1° Nul n'a jamais aucun droit à l'ordination, anté-« rieurement au libre choix de l'évêque ; .

« 2° La condition qu'il faut examiner du côté de l'ordi-« nand, et qu'on appelle vocation sacerdotale, ne consiste « nullement, du moins nécessairement, et en règle ordi-« naire, dans un certain attrait intérieur du sujet ou en « invites du Saint-Esprit à embrasser l'état ecclésiastique ;

« 3° Mais, au contraire, pour que l'ordinand soit réguliè-« rement appelé par l'évêque, rien de plus n'est exigé de « lui que l'intention droite unie à l'idonéité ; celle-ci consiste « en de telles qualités de nature et de grâce ; elle s'affirme « par une probité de vie et une mesure de science telles, « qu'on en puisse concevoir l'espérance fondée que le sujet « sera capable de remplir convenablement les fonctions du « sacerdoce et d'en garder saintement les obligations ;

« Il est digne de tout éloge. »

M. LAHITTON lui-même a pris soin de souligner le rapport de la Décision officielle avec ses divers ouvrages sur la question :

On voit, dès lors, dans quel sens on parlera de vocation sacerdotale, au sujet des dispositions devant exister dans le sujet. Ce ne sera jamais au sens paulinien de droit pur et simple existant dans un sujet. Il ne s'agira que de matière

---

une condition nécessaire. Voilà comment se caractérise l'*attrait*. Il n'est pas toujours, il n'est pas souvent, je dirai presque, il n'est jamais *exclusif d'impressions contraires*. Il n'empêche pas la crainte et l'angoisse de saisir l'âme à la pensée du sacrifice qui lui est demandé. Elle s'arrête alors, elle frissonne, elle éprouve des défaillances intérieures comme le divin Maître a bien voulu en ressentir lui-même à l'entrée du jardin de Gethsé-mani. Mais l'Ange consolateur vient la soutenir ; elle se lève et marche, certaine d'avoir trouvé la volonté de Dieu.

« *Voilà le rôle de l'attrait* dans la vocation ». (*Conférences,* 1896.)

plus ou moins préparée ou de puissance plus ou moins prochaine, pouvant recevoir de l'évêque l'acte ou la forme qui découlera de l'appel hiérarchique et constituera, dans son être actuel, le droit au sacerdoce ou la vocation sacerdotale, prise dans son sens pur et simple.

Encore faisions-nous remarquer, et c'était un des points principaux du travail, que parmi ces dispositions, ou pour la vocation sacerdotale entendue en ce sens matériel, n'était aucunement requis cet attrait spécial, d'ordre exclusivement divin, et distinct de la simple bonne volonté, œuvre du sujet lui-même sous l'action de la grâce, qu'une théorie contraire disait absolument nécessaire, et en lequel même elle faisait consister toute l'essence de l'appel divin, au sens paulinien. Pour elle, cet attrait constituait formellement le droit à l'ordination, réserve faite seulement du droit canonique de l'évêque, conçu comme une simple condition *sine qua non* de l'obtention du sacerdoce en vertu du vrai droit divin, préexistant dans le sujet et s'imposant à l'évêque lui-même.

Nous nous élevions contre cette exigence d'un attrait exclusivement divin dans le concept de la vocation sacerdotale, même au sens matériel ; mais surtout nous déclarions que cet attrait ne pouvait jamais constituer la vocation sacerdotale au sens formel ou au sens paulinien. Cette dernière acception de la vocation sacerdotale ne devait s'entendre que du droit causé par l'acte hiérarchique de l'évêque ; et l'acception matérielle ne comprenait, de soi, que l'intention droite et les qualités physiques, intellectuelles ou morales, prescrites par les saints canons.

Pour couper court à toute équivoque, nous proposions d'appeler la première seule du nom de vocation sacerdotale ; et la seconde, qu'on appelle communément de ce nom, du nom de vocabilité, ou mieux d'*idonéité* (1).

De cette controverse, que peuvent utilement retenir les fidèles ? Une *notion* ; et un *devoir*.

1. *Une notion plus juste de la vocation.*

Il n'y a plus lieu d'appeler vocation (sinon dans un

---

(1) Cette décision a été communiquée à Mgr de Cormont, évêque d'Aire. Les *Quest. Actuelles* publient, à la date du 10 mai 1913, une étude de Mgr LEGRAIVE, auxiliaire de S. E. le card. Mercier, sur cette question ; avec une bibliographie complète du sujet, p. 593.

sens large) ni de considérer comme vocation (certaine et définitive), les seuls attraits d'un candidat au sacerdoce.

La vocation consiste dans l'appel en vertu duquel l'évêque transmet au candidat, officiellement, et pour ainsi dire hiérarchiquement, la volonté de Dieu ; avant cet appel, il n'existe dans aucun candidat, fût-il le plus apte, une *vocation*, avec le droit qui en résulterait à être ordonné, et à imposer sa vocation à l'évêque. L'appel de Dieu ne consiste essentiellement ni en certains attraits, ni même en certaines aptitudes, que l'on ait seulement à constater et à enregistrer. Il se révèle uniquement par l'*appel de l'évêque*.

Bien entendu, l'évêque, pour faire œuvre prudente, aura examiné au préalable et fait examiner le sujet. Il se gardera bien d'appeler un sujet qui n'ait pas les *signes d'idonéité* (on va voir lesquels) ; mais ce que l'on demande, c'est de ne pas considérer comme ayant la vocation, indépendamment de la volonté de l'évêque, le candidat qui porte en lui ces signes. Il est appelable, rien de plus.

L'*idonéité*, c'est l'ensemble des dons de la nature et de la grâce qui font espérer un sacerdoce utile et digne. M. LAHITTON les énumère, en commentant ces mots de la décision officielle : *probité de vie, et doctrine suffisante*. Il y faut une intelligence ouverte (fût-elle lente), l'honnêteté naturelle (le milieu familial donne ici les garanties les plus sûres ; il ne faudrait pas se rassurer si cette base faisait défaut) ; l'humilité, l'obéissance, l'esprit de sacrifice, au moins à l'état naissant.

Le *discernement des vocations* n'en devient que plus facile. Il s'agit surtout de constater des aptitudes ; les apercevoir dans un enfant suffira pour l'orienter vers le sacerdoce. *L'attrait*, sans être superflu ou négligeable, n'est pas requis (1). La Commission déclare que l'attrait n'est pas *nécessairement et en règle ordinaire* un critère de vocation ; elle admet donc que cet attrait existe plus ou moins caractérisé chez certains candidats, et qu'il y a lieu d'en tenir compte. Le rôle du confesseur, du directeur, n'est pas de signifier au jeune homme qu'il a la vocation, mais de lui faire savoir qu'il a, intérieurement, les qualités nécessaires ou suffisantes pour se présenter et pour répondre à l'appel de l'Evêque.

2. *Un devoir.* — De la controverse on retiendra aussi l'obligation de seconder par tous les moyens et de rendre possible autour de soi le recrutement des vocations.

---

(1) Mgr Legraive, dans l'article cité, fait cette réserve : « Nous pensons que si M. le chan. Lahitton donne une nouvelle édition de son ouvrage, il fera remarquer que la Commission des cardinaux, en excluant l'attrait sensible comme marque *nécessaire* d'une vocation, ne défend pas de s'en réjouir chaque fois qu'on le découvre dans un candidat, et qu'elle autorise à le considérer comme un précieux élément d'information, quand il s'ajoute aux dons naturels et surnaturels qui fondent l'espoir d'une vie sacerdotale sainte et féconde. »

Consulter les ouvrages et brochures suivantes :

Claude Bouvier, *Péchés de mères.* — Du même, *L'éducation religieuse, entretiens à des mères chrétiennes* (Gabalda, 1919).

Delbrel, *Pour repeupler nos séminaires* (Lethielleux).

Delbrel, *Pour les parents chrétiens. Voulez-vous des prêtres ? donnez des prêtres.* (Bonne Presse.)

Guibert, *La culture des vocations* (Poussielgue).

Abbé Millot, *Retraite de dames et de mères chrét.* (Téqui, 1919). — Du même, *Jésus-Christ veut des prêtres.*

J'aurai mon Prêtre (Œuvre Saint-Charles).

F. Dumont, *Malgré son père*, nouvelle (Grasset).

Jean Vézère, *Leur péché* (Bonne Presse).

J.-B. Audouin, *Jeune homme, lève-toi* (Beauchesne, 1913).

Manuel pratique d'action religieuse. Action Populaire, 1913, p. 196. — Voir *Guide des Lectures* (Romans-Revue, 15 fév. 1913, une bibliographie intéressante du sujet). Nous en indiquons une, plus loin, d'après le P. Delbrel.

Mgr Gibier, *Les temps nouveaux. Le Relèvement national* (Téqui, 1920), (2e partie, Ceux qui nous relèveront, ch. 10, 13, 14).

Une brochure de Mgr Dadolle, canevas et sommaires plutôt que développement, indique l'essentiel en cette matière : le mystère, l'importance, l'histoire de la vocation sacerdotale. L'histoire de la vocation, c'est la préparation lointaine pour laquelle, au sein des familles chrétiennes, doivent être suscitées les vocations. Le programme est clair : 1° l'enfant doit être élevé dans un genre de vie un peu austère ; 2° habitué à une certaine élévation de sentiments ; 3° édifié par le spectacle d'une vénération constante pour le prêtre (5ᵉ Entretien) (1).

On relira aussi, à ce propos, l'étude de M. Goyau : (*Autour du catholicisme social*, 5ᵉ série) sur le devoir actuel des laïques dans le recrutement du clergé. L'oisiveté ou l'indifférence, ici, assurerait aux adversaires de l'Eglise, après l'inique séparation, une seconde victoire :

Convient-il que les fidèles catholiques, à leur insu, par étourderie, s'unissent, sans le vouloir à l'Etat laïque, pour faire plus petite, toujours plus petite, la part de Dieu ? Voilà la question vraie, devant laquelle ils doivent être placés. Plus l'Eglise est séparée de l'Etat, plus on essaie ainsi de faire divorcer d'avec elle la société humaine, plus il sied au contraire, par une sorte de revanche, que les fidèles s'intéressent soucieusement, passionnément, à toute la vie de l'Eglise, plus ils ont à faire pour le fonctionnement de cette vie, plus ils y doivent intervenir par leur travail positif, par leur besogne pratique. Et puisque l'Etat n'est plus là pour veiller à ce que viennent vers eux les grâces de Dieu, c'est aux catholiques eux-mêmes de pourvoir à ce que le malheur des temps, dont se plaignent stérilement les paresseux, ne trouble pas et n'anémie pas ce mécanisme apostolique par lequel la vie surnaturelle vient imprégner la vie terrestre.

Dans le dépeuplement des séminaires ou dans leur repeuplement, la responsabilité des laïques sera de plus en plus précise, de plus en plus accablante ; et s'ils attendent de la

---

(1) *Le Prêtre*, par Mgr Dadolle (Vitte, 1912).

grâce de Dieu la fécondité des miracles, il faut d'abord qu'ils les méritent, qu'ils les préparent, qu'ils disposent les voies. De même que les circonstances économiques et politiques les contraignent à prendre, d'une façon plus présente et plus active, leur part personnelle du labeur civique et social, de même le phénomène de la séparation des Églises et de l'État les contraint à être plus laborieux en tant que chrétiens. Ils ont plus à faire pour la profession, plus à faire pour la cité, plus à faire pour l'Église ; ainsi l'exigent les nécessités du vingtième siècle ; ils ne peuvent plus se laisser vivre.

2. LA VOCATION

Parlant de *la Vocation*, en général, par où nous entendrons, provisoirement au moins, la tâche que la Providence assigne à l'homme en l'appelant à naître, il sera bon de rappeler, abstraction faite de toute vocation particulière : 1° l'importance de la question ; 2° comment elle se pose ; 3° comment elle se tranche.

1° Importance de la question.

Rien de plus important que d'être *dans sa vocation*. Une vocation est toujours particulière, parce que déterminée, individuelle. Ce qu'il y a de commun à toutes les vocations, quelles qu'elles soient, c'est de n'être de véritables et sérieuses vocations qu'à condition d'avoir été étudiées. Le hasard, l'aventure, ne font pas de vocations.

Or, trop souvent, la question est traitée à la légère, au petit bonheur. A peine effleurée, vaguement entrevue, plutôt laissée à la solution des événements qu'à celle du vouloir réfléchi et chrétien, la destinée n'est plus qu'un caprice ; rien n'y entre qui indique une part de Dieu, ni même à vrai dire une part de l'homme. Lourde faute ; plus lourde encore lorsque, s'attribuant par légèreté ou par calcul la « vocation » que réclament des passions à satisfaire, on s'abstient de donner à *la question de la vocation* sa véritable importance.

Question *grave entre toutes*. Question *morale* au premier chef, qui doit toujours être, discrètement, mais nettement, proposée à l'étude de l'adolescent. On lui fournira, non pas une solution toute faite, mais les moyens de s'en occuper ; non pas la réponse au problème, mais les éléments pour le bien poser, la manière d'en connaître toutes les données.

La vocation, avant tout, c'est la *volonté de Dieu* connue.

Il existe une volonté générale de Dieu, qui est de conduire les hommes à leur destinée éternelle en leur procurant les secours naturels et surnaturels nécessaires pour y arriver. Dieu appelle tous les hommes à la connaissance de la vérité, et au salut.

Mais il existe en Dieu, par rapport à nous, un dessein, un plan, d'après lequel chaque élu, dans le Corps du Christ, occupe une place déterminée. Cette répartition, parfaitement ordonnée, fait l'ordre et la beauté de ce tout mystique (1). La Providence de Dieu, générale et particulière tout ensemble, et qui atteint son but avec force et suavité, gouverne les créatures en vue de leur fin dernière ; elle leur assigne ainsi, dans des limites plus ou moins précises, qu'elle leur permet de connaître, une tâche à remplir, un degré de sainteté à réaliser. Une étoile diffère d'une étoile, en clarté ; ainsi un élu diffère d'un élu, un saint d'un saint, une âme d'une âme, une vocation d'une vocation.

C'est de ce dessein providentiel, auquel l'homme doit

---

(1) On lira l'Epître aux *Romains*, ch. 12 ; aux *Ephésiens*, ch. 4 ; aux *Corinthiens* (première), ch. 12.

répondre comme il répond à la grâce, par une coopération personnelle et libre, que relève *la vocation*.
L'homme est dans *sa vocation* quand il accomplit, pour
sa part, et comme Dieu le lui demande, ce divin vouloir,
règle de toute volonté bonne.

Pour comprendre toute la gravité d'un pareil problème, on se rappellera de quels intérêts il s'agit ;
quelles conséquences découlent de là ; quelles responsabilités on engage dans la vocation.

A) *De quels intérêts s'agit-il ?*

De tout ce qu'il y a de plus grave au monde.

En toute vérité, plus ou moins directement, dans une
mesure difficile à fixer, mais certaine, c'est *le salut*
même de l'âme qui est en question.

Imprimez-vous dans l'esprit cette grande maxime, qu'il
n'y a rien dont le salut dépende davantage que de bien
choisir l'état où l'on doit vivre, *parce qu'il est certain que
presque tous les péchés des hommes viennent de l'engagement de leur état.* Combien Dieu voit-il de réprouvés dans
l'enfer, qui seraient maintenant des saints, s'ils avaient
embrassé par exemple l'état religieux ? et combien y a-t-il
de saints dans le ciel qui seraient éternellement réprouvés
s'ils avaient vécu dans le monde ? Voilà ce qui s'appelle le
secret de la prédestination, *lequel roule principalement sur
le choix d'un état.* » (BOURDALOUE). — Ce passage est tiré
d'une *Instruction* de BOURDALOUE sur le choix d'un état de
vie, pleine de judicieux conseils. Mais pour en avoir tout le
sens, il faut lire la première partie de son Sermon *Sur le
devoir des pères par rapport à la vocation de leurs enfants*
(Dominicales) ; entre autres ces lignes : Ecoutez une des plus
grandes vérités de la morale chrétienne. C'est que rien n'a
tant de rapport au salut que la vocation à un état, et que
souvent c'est à l'état qu'est attachée toute l'affaire du salut :
comment cela ? parce que l'état est la voie par où Dieu veut
nous conduire au salut ; parce que les moyens de salut que
Dieu a résolu de nous donner ne nous ont été destinés que
conformément à l'état ; parce que, hors de l'état, la providence de Dieu n'est plus engagée à nous soutenir par ces
grâces spéciales qui assurent le salut, et sans lesquelles il est
d'une extrême difficulté de parvenir à cet heureux terme.

La vocation, c'est *la route sûre*, celle où l'on a les meilleures chances de trouver Dieu. « Je ne crains rien, pouvait dire Jeanne d'Arc ; car Dieu me fait ma route ». A tout homme Dieu « fait sa route ».

La vocation pourrait se concevoir comme une sorte de grâce générale où se trouvent comprises une série de grâces particulières, un enchaînement de secours détaillés, desquels on peut dire que Dieu les a prévus et préparés avec plus de soin, par un dessein arrêté, grâces et secours moyennant lesquels pourra se faire efficacement, quoique librement, le salut. Où trouver, pour la volonté de l'homme, tant et de pareilles garanties ? Est-on également sûr de les rencontrer ailleurs ? Dieu les doit-il à l'homme ? ou, si l'homme les obtient, peut-il se promettre qu'il sera toujours, quoi qu'il fasse, en mesure de les utiliser ?

Toujours, partout, il est vrai, Dieu suit sa créature intelligente, et la poursuit de ses dons comme de son amour. Il veut, sincèrement et jusqu'à la fin, le salut de chacun. Mais le salut, effectivement, ne dépend pas seulement de cette surabondance de secours ; il dépend aussi de ces grâces particulières que Dieu destine à chacun d'une façon conditionnelle, dans une sorte de suite ou d'enchaînement qui n'a rien de fatal, mais duquel on peut dire (toute l'histoire des âmes saintes en témoigne, et c'est sans doute l'un des secrets de la sainteté héroïque) que *la fidélité aux premières grâces* prépare et obtient la fidélité aux grâces suivantes. Dans la vocation que Dieu donne, on est plus assuré de cette *fidélité*. Peut-on se la promettre dans la vocation que l'on se donne ?

B) *Quelles seront ici les conséquences ?*

De la condition, de l'état où l'on est placé (que nous

appellerons vocation) dépend, en un sens, *l'orientation de la vie entière*.

Qui peut dire l'aspect qu'aurait pris une vie, tout différent peut-être de ce qu'elle fut, si à tel moment tel incident avait surgi plutôt que tel autre ; la vie d'une Jeanne d'Arc, par exemple, ou d'un Ignace de Loyola, ou d'un Lamennais ? Si quelques bons livres n'étaient pas tombés entre les mains d'Ignace, frappé au siège de Pampelune et couché sur un lit d'hôpital ; si la première maladie grave de Félicité de Lamennais, au lieu de céder aux soins, l'avait emporté en pleine célébrité, à l'époque de sa vie où il était le plus admirablement préparé à mourir ; que de changements peut-être !... De quoi dépend la face du monde ?...

Vu *le milieu* dans lequel on vivra, les dépendances, les relations que l'on subira, les propos que l'on entendra, les personnes que l'on verra, toute l'ambiance, il n'est pas indifférent que l'on se décide pour telle ou telle situation. Quelle suite d'événements, pour le dehors, et d'états pour le dedans, vont dépendre de ce choix ! Ce n'est pas le côté le moins inquiétant de cette solidarité humaine, si rayonnante, qui nous tient, qui nous enlace, qui nous emporte, imposant à notre liberté une foule de conditionnements, desquels il est plus facile théoriquement que pratiquement de se dégager comme il faudrait.

Comment l'homme pourrait-il se désintéresser de tant de *conséquences du choix qu'il fait*, et qui constitue *la vocation* ? Pour traiter avec désinvolture et au pied levé un problème dont la solution retentit si loin, il faut ne savoir pas de quels risques il s'agit.

C'est d'autant plus grave que certaines situations, ou vocations, sont par elles-mêmes *définitives*. Y entrer, c'est s'obliger pour toujours ; c'est mettre dans sa vie l'irrévocable. L'erreur monstrueuse du divorce, par exemple, n'est-elle pas de substituer au contrat sacré de mariage, définitif par essence, une convention résiliable ? comme s'il n'existait pas, indépendamment des volontés humaines, des intérêts généraux et supérieurs dont l'excellence exige qu'ils ne soient pas à la merci du caprice humain. Il faut qu'il y ait des vocations stables, pour assurer la stabilité des fondements de la famille, de la société, de la religion, de l'ordre.

On peut bien ajouter que toute vocation, en un sens, a quelque chose de définitif. Rien de plus pernicieux pour la société que les inconstants, incapables de se fixer, juifs-errants malheureux qui font le tour des professions, et sur lesquels il n'est pas permis de compter.

Aussi, à moins de consentir d'avance, de gaieté de cœur, à se préparer des remords et des chagrins, doit-on s'appliquer avec le plus grand sérieux à l'étude d'une résolution de laquelle dépendra le sort entier.

c) *Et les responsabilités ?*

Et puis, il n'est pas permis d'oublier les responsabilités que l'on encourt en se décidant. On n'est pas aussi « libre » qu'on le prétend, dès lors que l'on engage, par sa propre détermination, l'honneur d'une famille, celui d'un nom, d'une cité, d'un temps, celui de la religion surtout. Or, *par la vocation*, on les engage réellement ; non pas seulement à cause des conséquences de la conduite personnelle, mais à cause de l'honneur ou du discrédit qui vont s'attacher, par notre fait, à tel emploi, à telle carrière, à telle profession.

Une époque n'est-elle pas jugée, par exemple, lorsque, par une sorte de dépréciation des vertus militaires, la vocation des armes y devient à peu près impossible, faute d'encouragement et de prestige ? *La vocation engage l'époque.*

De même, lorsque le sens de l'abnégation chrétienne vient à s'émousser au point de rendre possible à beaucoup de chrétiens le dédain pratique de la vie religieuse, un *temps* ou un *milieu* se révèlent. La statistique des vocations n'est pas inutile à qui veut connaître un moment précis de l'histoire.

2° *Comment se pose la question ?*

On la pose souvent mal, incomplètement, sans prudence. Et on la tranche trop vite, faute d'avoir soupçonné tout ce qu'elle comporte.

La question de la vocation ne se pose jamais d'une manière théorique, ni dans l'abstrait, mais toujours d'une manière *pratique* et *concrète.*

De quoi s'agit-il, en effet, uniquement ?

De ce que l'auteur des Exercices spirituels, guide sûr et discret, appelle, au début de son petit livre, le *bon usage des créatures.* On sait le sens précis de cette formule, et la doctrine fondamentale qu'elle exprime. Les « créatures », c'est, entre Dieu et nous, tout ce qui, étant créé, peut et doit aider notre âme : autant de *moyens* qui, bien employés, employés *comme tels,* ni plus ni moins, dans la juste mesure des services qu'ils peuvent rendre à cet effet, conduiront l'homme à son but en l'aidant à accomplir toujours, dans le plus menu détail, la volonté de Dieu, règle unique, loi souveraine ; autant d'*instruments* (imaginez un concert, un travail, une entreprise, où l'on n'agit pas seul, où l'on dépend d'une machine, d'un outil, d'un collègue, que sais-je ?) ; autant d'instruments destinés à procurer gloire à Dieu par la manière, intelligente, surnaturelle, prudente, sainte, raisonnable, héroïque peut-être, dont l'homme s'en servira, choisissant l'un, laissant l'autre, les utilisant tous pour des utilités dignes de Dieu.

Toute la sagesse de l'homme consiste à les bien choisir.

La vocation, c'est *le choix des bons moyens*.

Comment, par conséquent, se posera la question ? S'agit-il de savoir quels sont, *en soi*, *les meilleurs moyens* de procurer la gloire de Dieu ? Nullement. Pareille étude, toute théorique, ne mène presque à rien. Tel moyen est meilleur que tel autre, soit ; par exemple, la vocation religieuse, où l'homme trouve pour le salut des secours plus abondants, pour le devoir plus de facilités, pour la vertu des conditions plus favorables... Mais, *pour vous qui étudiez un problème tout différent*, ces données suffisent-elles ? Ce moyen, meilleur en soi, vous offrira-t-il, *à vous*, des facilités plus grandes pour servir Dieu ? C'est ce qu'il importe d'examiner ; et l'étude des seules données théoriques ou abstraites n'y suffit pas.

Précisons encore. Aujourd'hui, autour de nous, beaucoup d'œuvres réclament des bras, du temps, de l'argent, des cœurs ; catéchismes à faire, ouvroirs à diriger, écoles à ouvrir, etc. La paroisse a besoin de vous ; le diocèse vous réclame, *vous êtes nécessaire aux œuvres ;* vous avez donc, vous dit-on, la vocation, d'office et d'urgence... Et pourtant, il n'y a d'urgent, de nécessaire, que l'accomplissement de la *volonté de Dieu*. L'urgence des besoins, la pénurie des œuvres, pourra devenir, dans certains cas, le signe des intentions divines ; théoriquement oui, mais pas nécessairement. Dieu, qui n'a besoin de personne, et dont la volonté ne dépend pas des contingences, peut se réserver le droit de vous appeler ailleurs et de vous employer autrement.

Ce droit, est-ce au nom des « œuvres » qu'on osera le lui contester ?

Qu'on ne dise donc pas : tel moyen, meilleur en lui-même, ou plus urgent, s'*impose*…

Telle vocation, telle condition, tel emploi, ne sera meilleur *pour vous* que si Dieu vous y appelle. Dans la vocation religieuse, vous ne trouverez que pièges, et fardeaux trop lourds, si vous n'y êtes pas appelé. Et pour savoir si Dieu vous appelle, ce n'est pas assez de considérer en général l'excellence de la vie religieuse. — Et vous, les œuvres, qui vous réclament, à ce que l'on assure, sont-elles le moyen par lequel vous vous sancti-fierez ? Moyen excellent, soit, mais qui ne le sera pour vous que si Dieu vous appelle à l'employer ; sinon, en pleines œuvres, vous ne ferez qu'une œuvre humaine et vous manquerez à Dieu.

« *Il faut que je sois tout entier aux choses de mon Père* ». Tel est le principe ; et cette loi prime tout. Qu'est-ce que mon Père demande de moi ? Que veut-Il que je fasse ? Telle est la vraie, *la seule question.*

Et quand on a posé cette question, quand on a com-pris tout ce qu'elle implique, la première *attitude* à prendre est celle de la réserve ; ce que l'on pourrait appeler l'*équilibre intérieur.*

On répond trop vite. Il faudrait d'abord permettre à Dieu de se faire entendre, et lui dire en toute sincérité : « *Parlez, Seigneur, parce que votre serviteur écoute.* »

Jusqu'à ce que le Seigneur ait parlé, le serviteur ne veut rien ; rien, de peur de faire obstacle aux intentions du Maître ; rien, ni ceci ni cela, parce que ceci, cela, peut devenir également bon, également nuisible ; de quoi n'abuse-t-on pas ? rien, ni le mariage ni la vie religieuse, les deux sont utiles, nobles, sanctifiants, les doux peuvent être funestes et mener l'homme à sa ruine ; rien, ni le monde ni le cloître, il y a eu des saints dans tous les états, la sainteté n'en dépend pas essentiellement ; rien, pas même « les œuvres » jugées les plus nécessaires, s'il plaît à Dieu de vouloir qu'on le serve autrement ; car peut-être veut-Il que vous aussi, comme la jeune fille dont M. René BAZIN raconte l'histoire, vous ayez *la vocation de la souffrance* (1). Et alors, quoi que vous fassiez ailleurs, et quand le monde serait couvert de vos travaux, vous n'avez pas glorifié Dieu *comme Dieu le voulait.*

On voit comment se pose la question de la vocation. Théoriquement, toutes les vocations sont « indifférentes ». C'est dire que, s'il y a entre elles une différence de dignité et de valeur, leur excellence ou leur supériorité intrinsèque ne suffit pas pour trancher la question, toute pratique, de la vocation.

3° *Pratiquement, comment résoudre la question ?*

Par une *délibération surnaturelle* ; surnaturelle, c'està-dire commandée, soutenue d'un bout à l'autre par des motifs de foi, que la religion inspire ou qualifie, que la foi suggère, pèse et juge avant de les admettre. Seul un

---

(1) *Une religieuse réparatrice.* Préface par M. R. BAZIN. — Plus près de nous, les ouvrages de Mme LESEUR, *Journal et Pensées de chaque jour*, 1917 ; *Lettres sur la souffrance*, 1918 ; *La Vie spirituelle*, 1919 (de Gigord), publiés par les soins de M. Leseur (aujourd'hui le R. P. Leseur, o. p.), contiennent sur ce rôle éminent de la souffrance les considérations les plus élevées, auxquelles la vie souffrante et l'offrande héroïque de Mme Leseur, immolée à Dieu pour la conversion de son mari, ajoutent un éloquent commentaire. — Voir notre brochure : *Une femme du monde* (de Gigord, 1919, nouv. édit. 1920), qui résume les incidents de ce témoignage et en expose la valeur apologétique. — Le P. Raoul PLUS, S. J., dans *L'Idée Réparatrice* (Beauchesne, 1919), étudie à la lumière de la doctrine et des faits cette notion chrétienne essentielle de la Réparation.

examen de ce genre aura chance de plaire à Dieu. Les résolutions prises par l'homme en vue de sa fin ne sont sages et salutaires que si elles placent l'homme entre les mains de Dieu, livrant la volonté humaine à la grâce, mettant l'âme entière au service de son Créateur, l'inclinant, le dirigeant dans le sens où l'invite l'opération divine.

Tel est le principal travail : il faut « *trouver Dieu* ».

Non pas que Dieu se dérobe, ou néglige de se faire connaître ; Il a tout promis à la bonne volonté. Mais il n'est que trop ordinaire à la volonté de l'homme de n'être pas *bonne* ; il n'est que trop facile à l'homme, si ployable aux influences mauvaises, d'appartenir aux créatures ou à lui-même plus qu'à Dieu, de s'attacher trop à ses passions, trop peu à son devoir, de consulter ses intérêts plutôt que ses obligations, de se persuader enfin qu'il écoute Dieu quand il n'est docile qu'à ses propres conseils.

Se mettre résolument dans la disposition de *docilité* intérieure, de *pureté* d'âme, de *générosité*, de *désintéressement* préalable, qui permettront à Dieu de se faire entendre, et à l'homme de ne pas se méprendre sur le sens de ses indications, ce doit être le travail de tout chrétien.

Et certes, cette disposition, qui n'est que l'*indifférence dominatrice*, supérieure à tout, prête à tout, abandonnée à Dieu sans réserve ni parti pris préalable, cette disposition n'existe pas lorsque d'avance on fait tout pour éviter d'avoir telle vocation, lorsqu'on se défend savamment de toute influence, voire de toute fréquentation, de toute lecture, qui pourrait éveiller, encourager, des projets dont on ne veut pas ; sans réfléchir que l'on prive ainsi la Providence de ses plus ordinaires moyens d'action, au lieu de la seconder.

Cette disposition n'existe pas davantage lorsque l'on s'est longtemps débilité, par paresse, par lâcheté, par tiédeur ; il faudrait d'abord, par un traitement spirituel réconfortant, se rendre capable de la docilité nécessaire à une délibération de ce genre.

Enfin, cette disposition n'existe pas, la sincérité n'est qu'en paroles, le désintéressement fait défaut, lorsque, se donnant le change, on ne se soustrait à telle forme de vie, religieuse ou parfaite, que pour échapper au devoir de la sainteté ; comme si c'était assez, pour avoir le droit de demeurer dans la médiocrité, de n'éprouver aucun zèle pour sa perfection ; et comme si la preuve certaine que l'on n'est pas appelé à la pratique des conseils, c'était la volonté où l'on se tient de mener une vie plus commode dans les limites des préceptes, et dans la sphère du minimum.

Pour bien choisir, trois moyens : *prier, consulter, réfléchir.*

A) *Prier.*

Nulle action importante, nulle décision surtout, qui puisse se passer de la lumière surnaturelle ; la *prière* seule obtient cette lumière. Elle est, de par l'institution positive et le précepte de Dieu, le moyen indispensable pour établir surnaturellement entre l'homme et Dieu la communication, pour placer l'âme humaine sous les influences de la grâce, pour introduire l'homme dans le monde supérieur où s'élabore le salut, pour attirer enfin les secours ou grâces actuelles, sans lesquelles l'homme ne peut rien de *bon*. Se dérober à la prière, en ignorer l'art, la négliger, c'est exposer à ne prendre que des résolutions toutes « naturelles », pour n'aboutir qu'à des résultats incertains.

B) *Consulter.*

On *consultera* ; la prudence, la modestie, l'ordre l'exigent. Dans l'ordre de Providence où Dieu nous place, l'homme dépend étroitement de l'homme, pour l'âme non moins que pour le corps. L'autodidacte, qui se croit fort, est un isolé, la faiblesse même, il fait exception ; il se met à part, et le châtiment suit ; il se prive de son prochain, qui pourrait peut-être se passer de lui, mais dont il ne peut certainement pas se passer. C'est par l'homme que l'homme est formé, la suite des hommes n'étant en quelque sorte qu'un homme toujours vivant, de qui le passé prépare l'avenir.

C'est surtout vrai de cette humanité restaurée, chrétienne, que Dieu instruit de plus près, et de la société religieuse qu'Il charge de nous conduire à notre fin surnaturelle. L'Eglise est, de droit divin, la principale préceptrice du monde.

On consultera. Mais *qui consultera-t-on ?*

Les parents, oui certes ; premiers tuteurs, gardiens naturels, guides éclairés, conseillers autorisés et dévoués... Dévoués, toujours, mais parfois aveugles. Ils n'auront pas le droit d'imposer définitivement leur volonté, ni d'entraver une vocation qui se déclare à bon escient, et qui donne sa preuve.

On sait ce que cache, trop souvent, la formule équivoque : éprouver la vocation. La probation devient parfois la pire des épreuves, et une véritable injustice, quand elle équivaut à mettre le jeune homme, la jeune fille dans l'alternative d'abandonner une vocation dont on ne veut pas pour eux, ou de pratiquer l'héroïsme pour y demeurer fidèles. C'est tenter Dieu, et l'offenser :

C'est une lourde responsabilité, dit Mgr D'HULST, pour des parents chrétiens que d'entraver une vocation ; c'en est une plus lourde, peut-être, de l'étouffer. Si l'enfant persévère, c'est Dieu que vous aurez combattu ; mais, si l'enfant cède et abandonne sa voie, votre malheur est plus grand, car c'est Dieu que vous aurez vaincu.

Il y a encore une autre façon moins apparente, que dis-je? inconsciente, de faire avorter les vocations : c'est d'en tuer le germe par une éducation mondaine et frivole. N'est-ce pas *le péché des hautes classes?* On ne saurait contester que les vocations y sont rares ; et cependant la religion y est en honneur. Oui, mais on lui mesure sa part d'influence. On veut bien d'elle comme d'une garantie, mais on se réserve à son égard : il ne faut pas qu'elle devienne envahissante, et qu'elle prenne trop d'empire sur la vie.

L'enfant donc recevra, dans la première communion, la grande initiation religieuse, puis aussitôt après une autre initiation, celle du plaisir, viendra endormir le ferment divin. Messieurs, il n'est pas possible que dans nos familles aisées, où la foi est professée, Dieu ne fasse pas plus de choix qu'on ne voit de vocations éclore ; donc il y en a beaucoup qui périssent atrophiées. Ah! c'est que cette plante délicate ne peut vivre et grandir que dans un milieu propice. L'austérité d'un intérieur chrétien, voilà l'atmosphère qu'elle réclame (1).

Le P. Yves DE LA BRIÈRE (*Études*, 5 janvier 1920) rappelle quels besoins actuels et urgents réclament un recrutement sacerdotal intense : ministère pastoral à exercer, œuvres à soutenir, familles religieuses à perpétuer. Il rappelle le devoir des Pasteurs d'âmes en cette matière (Lettre du card. MERRY DEL VAL à l'Association Catholique de la Jeunesse Française, 24 oct. 1913 ; canon 1353 du Code de Droit Canon promulgué par Benoît XV). Mais il insiste sur le rôle *des fidèles*, auxiliaires actifs de ce recrutement : 1° par la prière ; 2° par l'aumône ; 3° par la propagande au sein des familles. Il y a lieu, en effet, de combattre la défiance des familles, d'écarter l'obstacle des préjugés mondains, d'éclairer l'opinion sur la gravité du sujet, de rappeler aux fidèles

---

(1) *Conférences*, 1891, p. 135.

que certains milieux, certaines mœurs, certaine façon
d'élever les enfants, tarissent les vocations :

« Il est inconcevable que les familles croyantes, extérieu-
rement en règle avec les devoirs du christianisme, consi-
dèrent comme une catastrophe, voire comme un déshonneur,
la vocation sacerdotale ou religieuse de tel ou tel de leurs
enfants, et multiplient les oppositions ou les stratagèmes
pour décourager l'enfant d'orienter ses désirs vers le séminaire ou le noviciat. Quelquefois, cette prévention conduit
les malheureux parents à des calculs monstrueux qui font
trembler pour le salut éternel de l'enfant, et, beaucoup plus,
pour le leur. Rien ne doit être épargné pour éclairer les
consciences sur le caractère de leur devoir en pareille matière
et pour discréditer, pour faire disparaître, autant que possible, un tel état d'esprit, qui outrage le sens commun non
moins que le droit souverain de Dieu. »

Le récent ouvrage du P. DELBREL : *Les séminaristes
recruteurs de séminaires* (de Gigord, 1920) montre à
merveille pourquoi et comment les séminaristes eux-
mêmes doivent être les plus actifs apôtres de cette bonne
œuvre. Mais ces remarques excellentes laissent entière la
question, dont nous parlons ici, du recrutement préalable *au sein de la famille, par l'influence de la famille
elle-même.*

On consultera aussi *les hommes d'expérience,* les
personnes d'âge, ceux qui ont vécu, ceux qui savent.
Car il s'agit de recevoir, sur les emplois, sur les
charges, sur les états, sur les responsabilités d'une situation, sur les difficultés d'un milieu, des informations
positives. C'est, après le recours à Dieu par qui tout commence, la condition d'une délibération sérieuse ; elle
doit être *motivée.* Qui fournira mieux ces motifs que
les hommes avertis déjà et mûris par l'expérience ?

Le confesseur est, de tous les guides, le plus qualifié ;
il l'est, à un titre exceptionnel et éminent, par sa mission, laquelle lui donne une grâce d'état ; il l'est par la

connaissance qu'il possède, des âmes en général, et de l'âme dont il s'agit ; il l'est par le désintéressement de ses conseils ; il lui est plus facile qu'à d'autres de les donner en toute liberté de jugement et à la lumière de la foi. Et toutefois, pas plus qu'aux autres conseillers, il n'appartient au prêtre de *décider* une vocation, d'autorité (1).

Le bon prêtre éclaire l'âme sur ses états, sur ses besoins, sur ses tendances ; il lui apprend à se discerner ; il lui présente sous le jour divin, qui peut-être lui échappait, les motifs capables de l'impressionner, il lui enseigne à les peser « au poids du sanctuaire ». Mais il ne lui appartient pas de se substituer à la conscience de son client pour y faire la loi, de rendre une sorte d'arrêt ou de décision infaillible, qui serait pour l'âme comme la parole de Dieu devenue sensible.

Dieu laisse l'homme, sauf exception qui se déclare assez d'elle-même, entre les mains de son conseil. C'est de ce conseil intime que doit sortir la vocation.

Pour bien conduire cette délibération, il convient que l'homme s'entoure de toutes les garanties ; mais il ne doit pas, hormis certains cas où l'impuissance morale et le scrupule paralysent tout effort, attendre d'un autre la décision. Le principal devoir, après la prière, en matière de vocation, est de délibérer.

c) *Réfléchir*.

Il n'existe pas, dans la vie de l'homme, d'acte plus

______

(1) Parlant du pèlerinage d'Ars au temps du saint curé, M. Joseph VIANEY rappelle avec quelle discrétion savait agir ce prêtre si éclairé : « Les étourdies, qui ne sollicitaient une direction que pour s'épargner la peine de réfléchir, étaient renvoyées, comme elles le méritaient, à leur catéchisme : « Mon père, quelle « est ma vocation ? — Ma fille, votre vocation est d'aller au « ciel. » (Jos. VIANEY, *Le B. Curé d'Ars*, p. 111).

grave que *l'élection*. Et nulle élection plus importante que celle où se trouve engagée la destinée entière.

On sait avec quelle prudence l'auteur des *Exercices Spirituels* conduit ce travail. Les Exercices de saint IGNACE sont moins un code de prière qu'une *méthode d'élection*, par laquelle l'homme s'efforce de rendre parfaitement pure, en la dégageant de tout alliage, la résolution d'où va sortir l'orientation ou la réforme de sa vie (1). Toutes les lumières ont été réunies, toutes les précautions indiquées, en vue de ce résultat. Il ne peut y avoir d'illusion ni sur la fin dernière, ni sur les intentions, le programme, la tactique de Jésus-Christ, ni sur les dispositions intimes de la volonté, que le retraitant sonde impitoyablement. C'est « le dernier mot de la prudence humaine » (DE PONLEVOY).

Rappeler toutes les règles de l'*Election* serait hors de place ici.

On remarquera seulement que, entre deux élections dont l'une serait faite avec plus de *motifs* proprement dits, bonnes raisons, bien discutées devant Dieu t l'autre avec plus de *motions* intérieures (consolation mouvements des esprits, qu'il enseigne du reste si bien à reconnaître), c'est la première que saint IGNACE préfère, comme la moins sujette à l'illusion. Toutes choses égales d'ailleurs, il se défie moins d'une *raison* pour ou contre que d'une *inclination* où d'une répugnance sentie ; il aime mieux, en général, s'en rapporter au travail

---

(1) « Ce n'est donc pas directement un traité d'oraison : c'est un manuel où tout est orienté vers cette fin : savoir ce que Dieu veut de nous, l'oraison n'étant qu'un moyen entre autres pour arriver à ce résultat. D'où il suit que le terme logique des *Exercices* est ce que saint IGNACE appelle l'*élection*, le choix de la meilleure règle de vie ». (*Revue de philosophie*, mai 1913 ; *Expérience religieuse dans le catholicisme* ; A. BROU, *La Compagnie de Jésus*, p. 451.)

méthodique de l'esprit qui sonde et qui pèse les motifs qu'à l'action, plus difficile à contrôler, des divers « esprits ».

Par là, on le voit, la théorie dont nous parlions plus haut, à propos de vocation sacerdotale, n'est pas éloignée de rejoindre la doctrine si sage et la méthode si prudente des *Exercices*. On en retiendra cette leçon, que de *bonnes raisons* valent mieux que des *attraits* et doivent compter davantage quand il s'agit de se décider.

A ce propos, citons une page de M. Georges GOYAU (*Les ouvriers de la moisson, Correspondant,* 10 avril 1920) :

« Entre certaines âmes et l'autel d'immolation, comme entre toutes les âmes et la table eucharistique, s'interposèrent longtemps certaines doctrines fâcheuses, qui multipliaient les obstacles, exagéraient les difficultés ; et dans beaucoup de sphères catholiques s'était accréditée cette *opinion quiétiste* qu'on ne pouvait ni ne devait songer au service de l'autel *avant de s'y sentir porté par un attrait instinctif.* L'histoire dira peut-être, un jour, que dans le premier quart de notre XXᵉ siècle la disgrâce de cette opinion et celle des suprêmes idées jansénistes concernant la pratique eucharistique furent l'origine, pour l'Eglise de France, d'une période de renouveau.

« Par une assez étrange contradiction, les élites sociales, même très chrétiennes, admettaient aisément, puisqu'il fallait des prêtres, qu'on en trouvât dans les milieux chrétiens populaires, depuis longtemps familiarisés avec l'idée d'acheminer vers le petit séminaire certains enfants distingués par leur curé. Mais lorsqu'on envisageait la vocation des jeunes gens appartenant à ces élites mêmes, il semblait que l'on y considérât, souvent, la culture de ces vocations comme un téméraire *empiétement* sur les prérogatives de la grâce divine ; et pour prendre en considération cette grâce elle-même, on exigeait qu'elle se manifestât sous je ne sais quelle forme *d'impulsion incoercible,* sous peine d'être méconnue, méprisée.

« Voilà pourtant quatre siècles bientôt que les *Exercices* de saint IGNACE avaient distingué *trois moyens différents de reconnaître les vocations.* A côté d'une « lumière extraordinaire », à côté même de certaines « touches surnaturelles » portant la marque d'une inspiration de bon aloi, ils mentionnaient expressément un troisième moyen : le choix de la profession religieuse apparaissait à saint IGNACE comme l'expression de l'appel divin, s'il se faisait à la suite de

« *raisonnements conformes à la prudence surnaturelle* ». C'est d'ailleurs à l'évêque, ensuite, de juger en dernier ressort ; c'est à lui, par un acte décisif, rigoureusement indispensable, « d'appeler » le laïc (*vocare*) à se préparer au sacerdoce.

« Nous sommes donc en présence d'une auguste et parfois mystérieuse collaboration, dans laquelle se mêlent, avec une riche diversité de nuances, suivant les cas individuels, l'action impérieuse ou discrète de la grâce divine, l'adhésion spontanée ou le choix mûrement réfléchi de l'initiative humaine, la souveraineté d'appréciation de l'autorité hiérarchique... »

L'examen des *circonstances*, évidemment, tiendra une place dans cette délibération. Rien n'arrive que Dieu n'ait permis ou voulu. Si le moindre des passereaux n'est pas en oubli devant Dieu, pourquoi veut-on que les moindres événements d'une vie humaine ne soient pas réglés par sa Providence, et n'apportent aucune leçon ? Les incidents qui traversent une vie peuvent ainsi devenir des indices de la volonté de Dieu. Ce n'est pas en vain que Dieu place un homme dans tel milieu, lui met sous les yeux tel modèle, lui propose tel enseignement, écarte de sa route tel danger ; rien de tout cela n'est indifférent ou sans portée dans le gouvernement de Celui qui dispose tout avec force et suavité, qui prépare les effets éloignés dans les causes prochaines, et qui arrive à ses fins par les voies les plus sages. De bien des manières, par l'imprévu, par la douleur aussi, qui est un grand maître, par des revers, des déceptions, des chagrins, d'où sort un enseignement, Dieu se fait connaître ; l'âme est avertie, *les événements l'ont éclairée* (1).

____

(1) Sous le règne d'Elisabeth, raconte le P. Vignat (*La vocation à la vie religieuse*, Lyon, 1905), un jeune seigneur anglais, catholique peu fervent, très en vue à la cour pour ses brillantes qualités, son entrain et sa bonne mine, dansait dans un bal de la

Le plus difficile, après qu'on a délibéré, est de n'admettre pas *les délais*, dont le prétexte ne manque jamais quand il s'agit de se soustraire au monde et de quitter les siens. C'est l'écueil ordinaire du courage ; et pour beaucoup d'appelés, le piège.

Quand on hésite ou qu'on diffère, dit BOSSUET, Dieu se tient pour méprisé ou refusé tout à fait. Lorsque la vocation est claire et certaine, qui est capable d'hésiter un moment est capable de manquer tout à fait ; qui peut retarder un jour, peut passer toute sa vie. Nos passions et nos affaires ne nous demandent jamais qu'un délai. C'est pour Dieu une insupportable lenteur que d'aller seulement dire adieu aux siens, que d'aller rendre à son propre père les honneurs de la sépulture. Il faudra voir le testament, l'exécuter, le contester : d'une affaire, il en naît une autre, et un moment de remise attire quelquefois la vie tout entière ; c'est pourquoi il faut tout quitter en entrant au service de Dieu. Puisqu'il faudra nécessairement couper quelque part, coupez dès l'abord, tranchez au commencement, afin d'être plus tôt à celui à qui vous voulez être pour toujours (1).

Précieux conseil quand il s'agit de la vocation religieuse, qui impose le plus de séparations ; mais il s'applique à tous les états ; partout, toujours, pour être fidèle au devoir d'état, dans la vocation, il faut *de la décision* ; et rien ne développe l'esprit de décision comme l'habitude prise de n'être pas en retard sur les indications de la Grâce.

---

cour. Il glissa et tomba, sous les yeux mêmes de la reine. Élisabeth eut un geste et un mot de mépris pour le maladroit. Cette disgrâce bien vulgaire fut le point de départ d'une autre vie. Quarante-sept ans plus tard, Thomas Pounde, prêtre et religieux de la Compagnie de Jésus, mourait dans les cachots, après trente ans d'une captivité héroïquement supportée pour sa foi... C'était l'incident providentiel ou, si l'on veut, l'occasion. On se rappelle, dans la vie de François de Borgia, quel fut l'incident : c'est devant le cercueil de l'impératrice Isabelle que la grâce le saisit.

(1) *Panégyr. de saint André* (Lebarq, V, 355).

3. Les Vocations

Dans une instruction remarquable « sur le choix d'un état de vie », Bourdaloue se plaît à enseigner que *les divers états sont bien, en général, de la vocation de Dieu* :

C'est lui qui les a établis, lui qui les a partagés, lui qui par son infinie sagesse les a disposés et arrangés. Or il ne les a pas établis, ni partagés, ni arrangés de la sorte, pour vouloir qu'ils demeurent vides, et sans sujets qui les remplissent. D'où il faut nécessairement conclure qu'entre les hommes il y en a, et un grand nombre, qu'il a fait naître pour ces états, et qu'il y a appelés. — Que s'il s'agit de savoir, d'une manière raisonnable et prudente, la volonté de Dieu sur moi, il ne me suffit pas en général qu'il n'y ait point d'état dans le monde où je n'aie pu être appelé de Dieu ; il faut de plus que je sache en particulier, et autant que j'en puis avoir de connaissance, que Dieu, en effet, dans sa prédestination éternelle m'avait marqué *tel état plutôt que tel autre.*

Jusqu'où ira cette *spécification*, c'est ce qu'il n'est pas facile de dire ; et sans doute, on n'est pas obligé de penser, quand il s'agit des professions, des métiers, des emplois variés où s'exerce l'activité de l'homme, art, science, industrie, commerce, finance, lettres, politique, que la dernière précision soit requise. Ce ne sont pas là précisément les divers *états* desquels on peut dire qu'ils constituent des *vocations* ; ils ont pourtant leur place, il faut qu'ils l'aient, dans l'étude de ce problème, par ce principe, capital en l'espèce, qu'il existe un rapport entre l'emploi auquel on s'adonne et les vertus ou les vices que l'on pratique ; l'un dépend de l'autre, assez intimement.

On peut donc souhaiter qu'il existe un jour quelque manuel complet, non seulement des états proprement dits, que la théologie morale appelle *status* (1). mais aussi des différentes carrières que l'on peut embrasser ; une sorte d'*annuaire ou guide des vocations particulières*, où l'on ne trouverait pas seulement les informations techniques, mais où seraient indiqués, au point de vue moral et surnaturel, les devoirs, les responsabilités, les facilités pour le bien, les dangers spéciaux, tout ce qui rendra tel métier ou tel autre avantageux ou suspect au jeune chrétien, tout ce qui l'aidera à se décider en connaissance de cause, au point de vue de l'éternité.

Pour ne parler que des *vocations* proprement dites, par opposition aux professions et aux carrières, le choix portera sur le *mariage*, la *vie religieuse*, ou l'exercice du dévouement dans les *œuvres* ; en dehors des métiers, dont le détail serait infini et importe moins, ce sont là les destinées communes, courantes, entre lesquelles on se partage ; l'essentiel est de n'y pas entrer sans avoir pris ses assurances, avec le minimum des informations (2).

---

(1) Après le Traité de la *Justice et des Contrats* ; TANQUEREY, *Théologie Morale*, 1910, t. 3.

(2) Entre autres ouvrages, conseillons :
Mgr DUPANLOUP, *Le mariage chrétien* (Téqui).
A. DE MARGERIE, *La Famille*, 2 vol. (Téqui), t. 2, n. 155 à 162.
J. HOPPENOT, *Petit catéchisme du mariage* (Bonne Presse).
VUILLERMET, *La vocation au mariage* (Lethielleux).
Mgr CHAPON (Mgr DUPANLOUP), *Les vocations de la femme* (Lethielleux).
Mgr DE GIBERGUES, *Mari, Père, Apôtre* (de Gigord).
J. GUIBERT, *A l'entrée de la vie* (Poussielgue, 1909).
Mgr MALOU, *Règle pour le choix d'un état de vie* (Gomaere, Bruxelles).
Abbé ROUZIC, *Avant le mariage. La Vocation* (Téqui).
Collection Mame, *Les Chemins de la vie...*
P. BARBIER, *La Jeunesse chrétienne. Au seuil de l'avenir* (Poussielgue).
Mgr POSS, *Pour la Famille. Contre le Divorce* (Roblot, rue Caumartin, 67, Paris).

1° S'agit-il de la Vocation Religieuse ?

On s'efforcera de l'*apprécier*, d'autant plus peut-être qu'on s'y sent moins appelé, pour être sûr, en s'abstenant, de n'obéir qu'aux meilleurs motifs. On voudra savoir, par de solides raisons (la foi les enseigne), son excellence, les secours surnaturels qu'elle apporte, les grâces qu'elle attire, les prédilections dont Dieu l'entoure, l'estime qu'en fait l'Eglise, ses fondements évangéliques, inébranlables, la consécration qu'elle donne à la vie entière ; la sainteté, la raison d'être aussi actuelle que jamais, et le mérite, des vœux de religion.

Avec Mgr D'HULST on dira, sans croire pour autant braver son siècle ou manquer à ce qu'on lui doit :

Là où l'esprit de parti n'enchaîne pas la liberté du jugement, où le fanatisme sectaire n'arrête pas l'aveu sur les lèvres, on ne fait pas difficulté de reconnaître que les Frères enseignants, les Sœurs hospitalières, les fils de Jean de Dieu ou de Jean de la Salle, les filles de Saint Vincent de Paul ou les Petites-Sœurs des Pauvres laisseraient, en disparaissant, un vide malaisé à combler. On ne va pas plus loin ; on oublie de se demander à quelle source s'alimente ce dévouement. Si l'on pouvait regarder l'œuvre par le dedans, on verrait que *la consécration à Dieu par les vœux est l'âme de ces vies données aux hommes ;* et l'on saurait alors

---

BERTHIER, *Des états de vie chrétienne et de la vocation* (Bonne Presse).

MONSABRÉ, *Le Mariage* (Lethielleux).

A. BITOT, *Aux jeunes gens. Que faire dans la vie ?* (Téqui).

COPPIN, *La vocation au mariage, au célibat, etc.* (Téqui).

Mgr GOURAUD, *Pour l'Action Catholique* (Action populaire, Reims, 1918 ; surtout les chapitres intitulés *Les laïques et l'action catholique. — L'Action des jeunes. — L'apostolat féminin. — Après l'école*).

Mgr TISSIER, *Nos tributs de Gloire* (Téqui, 1920), ch. 7. Gloire à la famille féconde (grandeur de la paternité, sa mission).

DE LAAGE, *La Famille chrétienne* (Téqui), 5e partie. L'avenir des enfants.

SERTILLANGES, o. p., *L'amour chrétien* (Gabalda, 1919).

Mgr GIBIER, *Le Relèvement national*, 2e partie, ch. 14, 15 (Téqui, 1920).

respecter cette même consécration lorsqu'elle voue d'autres existences au mystérieux et silencieux ministère de la prière et de l'expiation pour autrui. — Pour nous, nous ne concevons pas plus l'Eglise sans ses religieux que l'Evangile sans ses conseils... (1).

On se défendra donc avec soin du parti pris d'hostilité ou d'indifférence, qui, procédant d'une diminution de la foi pratique, blesse les droits souverains de Dieu, et fait le jeu des adversaires de l'Eglise.

S'interdire, par une sorte d'*a priori* défiant, d'examiner cette partie de la question, serait sortir de ce parfait équilibre de l'âme dans lequel on doit se tenir pour être sûr de connaître la volonté de Dieu à l'heure où on le consulte.

On insistera surtout sur cette *consécration* que la vie religieuse donne à la vie du chrétien. Toutes choses égales d'ailleurs, le mérite des actions ordinaires est plus grand dans la vie religieuse, parce que, avant d'avoir pour mesure la difficulté vaincue ou la somme des sacrifices à faire, le mérite surnaturel a pour mesure l'intensité de l'amour avec lequel on agit, et que la donation religieuse consommée par les vœux est, de soi, la preuve d'un plus grand amour de Dieu, une offrande d'un plus grand prix. Chacune des observances de la vie religieuse se trouve ainsi relevée, en vertu même de l'état religieux, par le mérite des vertus les plus hautes, de religion et de charité.

Un chrétien, une chrétienne, qui réfléchissent à leur vocation, ne doivent pas ignorer cette page du catéchisme (2).

---

(1) *Conférences*, 1894, p. 133.

(2) On la trouvera exposée : dans *La Grâce et la Gloire*, du P. Terrien, t. 2, *Le mérite* ; dans *L'état religieux*, de M. le chan. Dubiot ; dans deux ouvrages de M. le chan. Millot, *La*

2° *S'agit-il du Mariage ?*

On prendra tout d'abord, à l'école de la religion plutôt qu'à celle du monde, une *juste idée* de cet état.

Trop souvent, disait un moraliste du grand siècle (ne le déplorerait-il plus de nos jours ?), « on n'y entre que par intérêt, que par ambition, que par passion, que pour y chercher des établissements de fortune. Jamais, ou presque jamais, on n'y envisage Dieu ; et la dernière chose à laquelle on pense, c'est d'examiner si l'état qu'on prend est de sa volonté, et si le salut peut y être en assurance. Cela ne se voit que trop. Par exemple, dans une alliance qu'on veut faire, et où deux jeunes personnes doivent s'engager par le lien du mariage, à quoi s'applique-t-on ? à considérer s'il y a de part et d'autre un bien convenable, s'il y a de la naissance et de la qualité, si l'entrée en telle famille fera honneur, si elle sera de quelque utilité selon le monde. Dès qu'on trouve là-dessus ce qu'on prétend, on ne se met guère en peine de *la vocation divine*, ou plutôt on la suppose, comme si elle était infailliblement attachée à de pareils avantages ». Ces avantages, il est permis de ne les pas dédaigner ; mais ils ne sauraient fournir aux vrais chrétiens la raison prépondérante de leur choix.

On saura, sans détails, la gravité du devoir entre époux ; on aura des notions sûres, l'Eglise les donne

---

Vie religieuse (choix de discours sur les avantages, les exigences et les joies de la vie religieuse), Téqui, 1919 ; et *Mariage, Célibat, Vie religieuse* (Téqui, 1919), p. 71.

L'ouvrage déjà cité du P. DELBREL, *Les séminaristes recruteurs de séminaires* (de Gigord, 1919), contient un appendice, p. 152 à 177, une bibliographie complète de tous les sujets relatifs à la Vocation, y compris la vie religieuse. Nous ne pouvons, dans la présente édition, que renvoyer à cette mine précieuse, comme aussi aux quatorze années parues du *Recrutement sacerdotal* (P. DELBREL, directeur ; s'adresser à l'*Action Populaire*).

à qui les demande, sur la responsabilité des conjoints vis-à-vis de Dieu créateur et dispensateur de la vie. On n'aura ici ni prévention irraisonnée ni ignorance niaise. Mais, tout en laissant aux parents le soin de donner en temps utile les détails nécessaires, on se gardera de certaines théories qui recommandent prématurément les initiations dites scientifiques, contraires à la préservation et à la vigilance, qui sont toujours des devoirs ; initiations téméraires dans leur esprit comme dans leur forme ; faites seulement pour dégrader l'imagination et pour soulever les sens par des curiosités malsaines. Ceux qui les recommandent ne tiennent pas compte des dérèglements de la concupiscence, ou croient peut-être que le plus sûr moyen de protéger l'homme contre la tentation, c'est de l'y jeter (1). Présomption, rien de plus.

3° S'agit-il des œuvres ?

On saura qu'il existe, avec ou sans la vie religieuse, avec ou sans les vœux, des vocations *de dévouement apostolique et social*. On se convaincra qu'il existe plus d'une raison, nulle vocation plus haute ne se dessinant (c'est l'hypothèse), pour se dépenser au soulagement des misères actuelles. Il y a trop peu d'ouvriers pour une moisson si vaste, si belle, si prête.

---

(1) Serait-il vrai que, pour résister au mal, il est nécessaire de le connaître ? Sous cette forme absolue, non. Pour résister au mal, il est nécessaire de le connaître lorsque, par ailleurs, on est assez armé contre lui. Il faut, au contraire, se garder de cette initiation lorsque l'on est, par la nature même, fortement incliné vers ce mal et porté à l'excuser d'avance à cause des avantages qu'il promet ; dans ce cas, la connaissance du mal, au lieu de diminuer le péril, l'augmente plutôt. Ce n'est pas que l'ignorance soit par elle-même une sauvegarde assurée ; l'innocence ne résulte pas nécessairement de l'ignorance ; aussi n'est-il pas requis que l'ignorance reste systématique. Mais il y a, dans la majorité des cas, moins de risques à ignorer longtemps qu'à savoir tôt.

Mgr Gouraud a publié, on le sait, un guide idéal d'action catholique. Tout ce qu'il importe de savoir, sur l'esprit surnaturel, indispensable dans les œuvres, p. 146 ; sur la préparation aux œuvres (étude, sanctification personnelle, p. 167) ; sur l'esprit, sur le nombre des sujets dans les Œuvres de Jeunesse (p. 335) ; sur la définition vraie, le but, le programme des œuvres sociales (p. 346) ; tout est dit là, avec autorité, avec précision.

Dans le même sens où l'on dit qu'il y a une *vocation aux Œuvres*, on reconnaîtra qu'il existe une *vocation à l'Enseignement* ; et sans doute, en présence du travail à faire de nos jours, on ne négligera rien pour la promouvoir chez les jeunes.

Une des correspondantes de la *Revue hebdomadaire*, dans l'Enquête de 1913 sur la *Jeunesse Féminine*, avait raison d'écrire que « la vocation à l'enseignement ne semble pas une utopie ». Indiquant discrètement la raison de son propre choix, raison de pur dévouement, elle propose hardiment ce choix à beaucoup de jeunes filles cultivées, que rien n'empêche de se dépenser tout en restant dans le monde. C'est un plaidoyer chaleureux.

Celui de Mme Daniélou ne l'est pas moins. Directrice d'une *Ecole Normale libre* (rue Oudinot), elle insiste avec raison pour que les mères de famille comprennent la beauté et l'urgence des vocations de ce genre ; elle dénonce la pénurie morale des lycées de filles (1), elle montre la nécessité d'un enseignement

______

(1) « Il faut connaître très bien et par soi-même, les lycées de filles, pour réaliser la nature et l'étendue du mal qui s'y fait.

« Ne croyez pas que ces enfants innombrables soient sans idéal. Mais avoir un faux idéal et s'y établir et s'en faire l'apôtre, n'est-ce pas en un sens pire que de rester sans idéal de tout, dans une détresse qui demeure une porte ouverte à la vérité ? La plupart des petites lycéennes ont de la sincérité, de l'ouver-

secondaire féminin qui puisse rivaliser avec les créations de l'Etat ; et elle énumère les facilités qui s'offrent à celles qui songeraient à cette carrière d'apostolat.

Le P. Y. DE LA BRIÈRE a montré (*Etudes*, 5 avril 1920) avec quel succès l'Enseignement Catholique a fait face aux difficultés que lui suscitait l'enseignement secondaire des jeunes filles (fondé par la loi Camille Sée, déc. 1880, et organisé par la loi du 26 juillet 1881), entreprise de sécularisation de la jeune fille française.

Deux de ces initiatives retiennent surtout l'attention : l'*Ecole Normale Catholique* de la rue de Sèvres, 159 (Mlle Desrez), et celle de la rue Oudinot (Mme Daniélou, depuis, à Neuilly).

La *Société Générale d'Education et d'Enseignement* (rédaction, M. Fénelon Gibon, 14 *bis*, rue d'Assas) a organisé un *Comité d'enseignement secondaire et supérieur de jeunes filles* pour promouvoir ce mouvement. Et le

---

ture d'esprit, et une réelle activité morale. Elles cherchent, elles se passionnent pour des questions qui laissent très indifférents des jeunes garçons du même âge. Une très grande place est faite, dans leurs programmes, à l'étude et à la libre discussion des théories de la morale contemporaine, auxquelles elles servent en quelque sorte de champ d'expérience. On les excite à cette « invention morale » qui est à la mode. Quel sens de la vie se dégage de tout cela ? Il suffit, pour le savoir, d'ouvrir les livres des universitaires qui dirigent ce mouvement, les REY, les BELOT, les RAUH, les JACOB, livres qui sont d'un usage courant dans les lycées de filles ; il suffit surtout de feuilleter (et cela vous en apprendrait plus long que toutes les conférences) une de ces âmes d'enfants. Sous prétexte de vérité scientifique, d'affranchissement des préjugés, on leur enseigne que le catholicisme est une forme vieillie, désuète, de civilisation ; que l'attitude du croyant est affaire de sentiment, sans aucun fondement rationnel, inutile aux âmes vraiment viriles. Un professeur prend comme thème de sa leçon d'ouverture qu'il faut bien se garder d'appuyer la morale sur la religion, celle-ci étant à l'heure actuelle si branlante qu'elle risquerait d'entraîner dans sa chute l'édifice de la morale. Pour détruire, toutes les armes sont bonnes, et particulièrement l'ironie, si puissante sur le respect humain et la modestie des jeunes. » (Conférence aux Amis de l'Ecole Normale Libre, 1912).

nombre des établissements grandit dans lesquels on prépare au baccalauréat de l'enseignement secondaire classique ; plus de vingt à Paris (collège d'Hulst, institut Sainte-Clotilde, etc.). De 1880 à 1920 s'est ainsi organisée et affermie une victoire à longue portée. Il dépend des Françaises, en âge de choisir leur carrière, de maintenir l'œuvre accomplie et d'en étendre le bienfait.

Vocation aux Œuvres, enfin, et des plus enviables, celle qui maintient à l'état d'institution la bienfaisance, la charité, les secours, l'aumône. Il faut les connaître, principalement *les Conférences de Saint-Vincent de Paul*. Cette dernière œuvre a recueilli, en 1913, à l'occasion du centenaire d'Ozanam, le plus précieux des encouragements et le plus significatif (1).

Aujourd'hui, les *Œuvres Sociales* (2) sollicitent plus que jamais le dévouement des jeunes. L'Eglise oriente vigoureusement dans cette direction le zèle de ses enfants et la vigilance de ses Prêtres. BENOIT XV, Allocution du 29 déc. 1918 ; *Lettre aux Evêques des Etats-Unis d'Amérique, Acta,* 1er mai 1919 ; — *Lettre au chanoine Mury,* 7 mai 1919, sur la constitution de syndicats professionnels ; — *Lettre à M. Duthoit,* président des Semaines Sociales de France, 29 juin 1919 ; — *Lettre à l'Episcopat Français,* en réponse à la Lettre collective des Evêques, 24 juillet 1919 ; — 11 mars 1920, *Lettre à l'Evêque de Bergame,* rappelant aux fidèles et aux prêtres leur devoir et leur traçant une ligne de conduite en matière d'action sociale ; — et, plus récemment, la *Lettre aux Evêques de Vénétie.*

----

(1) Voir *Questions Actuelles,* 3 mai 1913, Lettre du Card. Merry del Val.

(2) Les *Dossiers de l'Action Populaire* signalent, en 1920 (mars, avril), les divers *Offices centraux au Service des Œuvres.* Nomenclature à étudier.

Outre ces directions pontificales, rappelons quelques documents à consulter :

Chan. BARGILLIAT, *Droits et devoirs des curés et des vicaires paroissiaux*, 7e édit., Beauchesne, 1919 ; p. 281 à 293, les documents du Nouveau Droit sur la question ;

Lucien CROUZIL et Tony CATTA, *Guide juridique du Clergé et des Œuvres catholiques*, Beauchesne ;

Les publications de l'*Action Populaire* : le *Mouvement social* ; — les *Années Sociales Internationales* ; — les *Guides sociaux annuels* (1904 à 1914) ; — le *Manuel Social pratique* ; — le *Manuel Pratique d'Action Religieuse* ; — les *Actes sociaux* ; — les *Tracts* ; — les *Brochures Jaunes* ; — depuis la guerre, les *Dossiers de l'Action Populaire*, avec Plans, avec Tracts, avec Brochures jaunes (séries anciennes et nouvelles) ; — le *Petit manuel d'Éducation syndicale* ; — l'*Encyclique Rerum Novarum*, nouv. édit. avec commentaires, à l'usage des Cercles d'Études, par l'abbé THELLIER (précédée d'une Allocution de BENOIT XV, 10 mars 1919) ; — la brochure du P. COUBÉ, *L'Église et le Problème social* (Paris, 51, rue Saint-Didier).

La série « *Studia Pacis* » (Bureaux des *Études*, 5, place Saint-François-Xavier).

La *Chronique Sociale de France* (Lyon, 16, rue du Plat) ;

La *Documentation catholique* (5, rue Bayard, Paris-VIIIe), sur les Transformations sociales (voir 1er mai 1920, un dossier important des *Questions sociales et économiques* ; et depuis 1919, t. 2, p. 808, à suivre, un commentaire de M. Aug. RIVET sur la Législation concernant les Pupilles de la Nation.

Une *École Normale Sociale Catholique* existe à Paris depuis plusieurs années (école similaire fondée à Bruxelles par le card. Mercier, mars 1920). Le card. GASPARRI écrivait à Mlle Butillard, une des directrices de cette École (23 oct. 1919), une Lettre importante sur l'apostolat social féminin (1).

Indiquons encore, comme éléments d'enquête, Étienne MARTIN SAINT-LÉON, *Syndicalisme ouvrier et syndicalisme agricole* (Paris, Payot ; recension élogieuse dans l'*Ami du clergé*, 10 juin 1920) ; — Jacques VALDOUR, *La méthode concrète en science sociale, La vie ouvrière*, etc. ; — Mgr GIBIER, *Le relèvement national* (Téqui, 1920) ; — et la chronique sociale de « *Frères d'Armes* », par M. EBLÉ (14, rue d'Assas), etc.

---

(1) Une loi du 26 juillet 1919 (loi Astier) prévoit des Écoles d'enseignement techniques, publiques ou *privées*, non obligatoires, et 2° des Cours professionnels obligatoires pour tous les ouvriers employés ou apprentis de moins de 18 ans. Ces cours *professionnels* doivent retenir toute notre attention. (Voir Bulletin de la Soc. Génér. d'Enseign., avril 1920).

QUI DÉCIDERA ?

A chacun son métier, dit l'antique proverbe. Et le poète ajoute :

Soyez plutôt maçon si c'est votre métier.

Encore faut-il que vous sachiez quel est *votre métier*. Certaines gens l'ignoreront toujours.

PASCAL, avec esprit et profondeur, se moque de *la coutume*, et regrette que parmi « nos principes naturels », il y en ait tant « d'accoutumés » ; « une différente coutume nous donnera d'autres principes naturels, cela se voit par expérience » ; et nous appelons, trop souvent, vocations ces coutumes. Le passage vaut la peine d'être cité :

La chose la plus importante à toute la vie est le choix du métier : le hasard en dispose. La coutume fait les maçons, soldats, couvreurs. « C'est un excellent couvreur », dit-on ; et, en parlant des soldats : « Ils sont bien fous », dit-on ; et les autres au contraire : « Il n'y a rien de grand que la guerre ; le reste des hommes sont des coquins. » A force d'ouïr louer en l'enfance ces métiers, et mépriser tous les autres, on choisit ; car naturellement on aime la vérité, et on hait la folie ; ces mots nous émeuvent ; on ne pèche qu'en l'application. Tant est grande la force de la coutume, que, *de ceux que la nature n'a faits qu'hommes, on fait toutes les conditions des hommes* ; car des pays sont tous de maçons, d'autres tous de soldats, etc. C'est la coutume qui fait donc cela, car elle contraint la nature ; et quelquefois la nature la surmonte, et retient l'homme dans son instinct, malgré toute coutume, bonne ou mauvaise. (*Pensées*, art. II, Misère de l'homme sans Dieu).

La coutume sera souvent trompeuse ; c'est *la nature* qu'on écoutera, dégagée des habitudes irréfléchies. Mais où la nature ne fait que des hommes, *la grâce* prépare des élus ; on l'entendra, on la suivra, de préférence à la nature et à la coutume ; c'est elle qui décidera, sans erreur. Elle n'est jamais « puissance trompeuse ».

CHAPITRE VI

L'ENSEIGNEMENT RELIGIEUX ET LA FEMME

Dieu cherche, parmi les siens, des *missionnaires de la vérité révélée* ; car il veut que cette vérité, nécessaire au monde, se répande partout.

L'Eglise les réclame, comme les auxiliaires intelligents et dévoués du Sacerdoce.

Quel sera le rôle des femmes chrétiennes, des mères de famille surtout, et des épouses, en cette délicate matière ?

Avant de répondre et de préciser, il est indispensable

de rappeler que personne ne doit songer à remplir ce rôle s'il n'est pas, tout d'abord, profondément convaincu de la gravité du sujet. Il ne sera pas inutile de s'y arrêter un peu.

1. L'ENSEIGNEMENT RELIGIEUX

Pourquoi faut-il répandre l'enseignement religieux ? Énumérons quelques-unes des raisons qui le rendent nécessaire ou utile.

1. Pour éviter la présomption.

C'est une tentation très ordinaire à l'homme de se croire à la hauteur de ses devoirs, d'estimer qu'il en sait assez pour se conduire.

Cette présomption, témérité et suffisance de l'esprit, le conduit à méconnaître souvent le devoir de s'instruire des vérités élémentaires. Il sera fier d'étudier les matières rares, des sujets neufs ; il serait humilié d'être rappelé à l'étude des premières notions. Pour échapper à cette nécessité, pour éluder la sujétion qu'elle entraîne, il multiplie les excuses. Il s'autorise de la coutume, des usages, de la mode, de l'opinion surtout. Il fait « comme tout le monde ». Il abrite ainsi derrière l'avis des autres ses lâchetés. Il suit l'opinion, reine du jour, au lieu de prendre place, résolument, parmi ceux qui travaillent à l'assagir et à la réformer. Il vogue au fil de l'eau : il ne remonte pas le courant. Et l'on entendra des hommes, sérieux par ailleurs, déclarer en matière de religion, où la conviction personnelle serait pourtant de rigueur : « Je fais comme les autres »...

Pour combattre ce préjugé présomptueux et ce respect humain, le mieux serait de remettre en honneur les notions religieuses fondamentales, précisément parce qu'elles sont élémentaires et simples. L'enseignement du catéchisme est un coup droit porté à l'orgueil de l'esprit humain.

2. Pour affermir l'esprit de l'homme.

L'enseignement religieux comprend la somme des notions nécessaires à l'homme pour ne se méprendre ni sur les obligations ni sur les conséquences de cette *vie de religion* à laquelle il est tenu, de par sa dépendance essentielle vis-à-vis de Dieu.

Programme immense, qui ne sera jamais épuisé, qui mérite d'être approfondi ; dont on peut bien renouveler l'exposé, varier la forme, mais qui demeure aussi nécessairement fixe que la vérité même.

Et il est bien souhaitable, on l'avouera, d'échapper aux incertitudes, aux hésitations, aux flottements de certaine vérité dite relative et successive. Il est de l'essence de la vérité d'être immuable ; et il y va du repos de l'esprit d'atteindre le vrai qui ne change pas.

Par l'enseignement religieux, l'esprit s'affermira contre l'instabilité des systèmes et contre le scepticisme, qu'engendre l'opinion changeante.

Nulle autre vérité n'est plus *certaine* que la vérité religieuse. Sans doute, elle vient à nous *par voie d'autorité* ; mais n'en est-il pas ainsi d'un grand nombre de connaissances humaines ; combien n'en recevons-nous pas sur la seule foi du maître ?... L'autorité qui révèle, du reste, avant de parler produit ses titres, et mérite la confiance avant de l'exiger.

3. Pour n'être pas isolé dans le « jugement propre ».

Il n'est pas pour l'homme de plus grand danger que l'illusion du « jugement propre », et l'individualisme. Or, instruire quelqu'un de la religion révélée, c'est le mettre en communion, la plus haute qui soit, avec l'humanité baptisée ; c'est le protéger, pour autant, contre les jugements tout faits, et contre toute servitude de l'intelligence.

Ceci peut sembler un paradoxe ; il n'est pourtant rien de plus vrai. On le comprendra sans peine par ce que nous allons dire.

Pour définir exactement *la catholicité* de l'Eglise, on prend soin d'indiquer qu'il ne s'agit pas seulement d'éléments quantitatifs à étudier : nombre des adhérents, diffusion dans l'espace, extension géographique. Ce que les statistiques établissent est trop peu ; l'essentiel y manque.

La catholicité, c'est la note ou propriété en vertu de laquelle l'Eglise véritable réagit, par la force même de son institution, contre toutes les formes du *particularisme :* particularisme des partis politiques et des établissements nationaux ; mais d'abord particularisme individualiste ou individualisme religieux (1) ; ce dernier de beaucoup le plus redoutable, car il place l'homme dans une sorte d'indépendance personnelle, qui prend les apparences de la liberté, et qui flatte l'amour-propre ; s'il n'y veille, l'homme y apprendra l'idolâtrie de lui-même, laquelle s'insinue et triomphe par le jugement propre. Force en apparence ; en réalité, faiblesse.

Le propre de l'hérétique est de se séparer, en façonnant une vérité à sa mesure. Par là, *il s'isole* ; il échappe à la condition essentielle de la vérité révélée, qui est d'être universelle ; et universelle parce que supérieure aux seuls éléments quantitatifs, lesquels dans l'échelle des valeurs représentent le degré infime ; — comment admettre en effet que la religion, par où l'homme confine le plus à l'esprit et à Dieu, soit faite surtout d'éléments grossiers comme le seul nombre ?

Plus on échappe à la condition isolée ou fragmentaire, plus on est apte à vivre cette religion universelle qui n'est ni d'un seul lieu ni d'un seul temps.

Le « jugement propre », par lequel on se fait à soi-même un tribunal pour décider de la doctrine et devenir

---

(1) Voir A. DE POULPIQUET, La notion de catholicité. (Science et Religion, Bloud).

« arbitre de la croyance », est donc un principe de déchéance, parce que c'est un principe de séparation.

Or, nulle part mieux que dans la religion divinement révélée (Eglise catholique) ne se trouve compromis, blessé à mort, ce « jugement propre », cet isolement superbe de l'esprit. Mieux connaître l'enseignement de l'Eglise, c'est donc entrer en communion avec l'univers catholique ; c'est se placer dans les conditions les plus avantageuses pour posséder et conserver la vérité.

4. Pour adapter l'homme à sa destinée surnaturelle.

Quand il s'agit de *la Révélation*, la connaissance des vérités religieuses est nécessaire *absolument*, de nécessité de moyen. Seule en effet la doctrine révélée met l'homme en harmonie avec son but surnaturel, avec la destinée qui s'impose à lui ; destinée gratuite sans doute, mais destinée obligatoire. L'enseignement religieux contient l'ensemble des vérités théoriques et pratiques, qui doivent rendre l'homme capable de cette destination.

Entre le chrétien croyant, pratiquant, et le terme surnaturel assigné à l'homme, il y a *proportion*. Cette proportion fait défaut lorsque la Foi n'est pas éclairée, lorsque les connaissances religieuses sont vagues, mal définies, mêlées d'erreurs, tirées du raisonnement de l'homme, et non de la parole de Dieu ; admises plutôt pour leur élévation et leurs bienfaits qu'à cause de l'autorité de Celui qui parle.

Assurément, si la foi n'était qu'une esthétique, une hygiène, une discipline utile, sans fondement ni valeur objective, une morale bienfaisante, mais sans preuve, il importerait moins que l'on connaisse sa religion. Mais la foi est *une doctrine*, avant d'être une règle des mœurs. Doctrine bienfaisante, oui, mais qu'il faudra désavouer demain si cette bienfaisance ne procède pas de *la vérité* de son *Credo* ; car on doit ce respect à la vérité de tenir pour certain que l'erreur ne peut pas être bienfaisante.

5. *Pour enrichir, par la foi, la raison humaine.*

Telle est la *nécessité morale* de la Révélation (1).

On ne se passe pas impunément de ces *compléments de vérité* que l'enseignement révélé fournit à l'homme. Grâce à la religion révélée, les vérités (religieuses et morales) que la raison peut connaître par elle-même deviennent plus accessibles à tous ; on les atteint plus facilement, sans mélange d'erreur, et avec une certitude plus grande.

Et par les mystères eux-mêmes, inaccessibles à la raison, plus d'une lumière utile est fournie à l'homme : par exemple, en philosophie, pour la définition de la nature et de la personne, que les mystères de la Sainte Trinité et de l'Incarnation font mieux connaître... Et ainsi des mystères en général ; ils ne contredisent pas la raison ; ils la dépassent, mais sans l'humilier, car ils agrandissent et complètent son domaine ; ils mettent l'esprit humain en possession des réalités du monde invisible et divin.

6. *Pour répondre avec précision à beaucoup d'énigmes.*

L'esprit humain pose plus de problèmes qu'il n'en peut résoudre. D'un autre côté, il ne se résigne pas à ignorer. Le monde est plein d'énigmes ; qui nous en donnera le mot ?

Soit le problème *des origines*. D'où vient le monde ? La

---

(1) Voir nos *Leçons et Lectures d'Apologétique. La Vraie Religion*, p. 168 (CASTERMAN).

science répond, mais si peu, et si provisoirement... L'examen des systèmes en vogue montre combien les positions scientifiques réputées les mieux acquises sont souvent insuffisantes et instables (1). La science, à qui l'on demande, imprudemment, le dernier mot de tout, ne suffit pas à une pareille tâche ; c'est la desservir que de lui faire prendre de tels engagements.

Le problème du *mal*, l'existence de la *douleur*, l'expliquera-t-on, en fournira-t-on une solution exacte et pleine sans aller jusqu'au mystère de la Croix ? Non certes (2).

Et ainsi du reste.

La plupart de nos impuissances devant la négation ou l'objection hardie viennent de ce que nous ne possédons pas assez les solutions de la foi. On laisse défigurer l'enseignement religieux, faute de le connaître ; et l'on fournit ainsi à l'adversaire des armes toutes prêtes. Il se permettrait sans doute moins d'affirmations audacieuses, s'il était sûr de rencontrer toujours, pour les combattre, *des chrétiens informés*.

7. *Pour organiser une action sociale sérieuse.*

On l'a dit, la question *sociale* est une question *morale*, et la question morale une question *religieuse*. La règle des mœurs n'a de fondement solide que dans la religion ; et la vraie religion, c'est la Révélation. L'Eglise est, par la morale dont Elle formule avec autorité les prin-

---

(1) Par exemple, voir au sujet du *Transformisme* (*Revue Thomiste*, fév.-mars 1913), la crise qu'il subit ; à propos du *Naturalisme*, *le Naturalisme devant la Science*, du P. Eymieu ; à propos de l'*Evolutionisme* (du corps humain), *Questions Ecclésiastiq.*, avril 1913, *La foi et l'anthropologie*. — Lire A. Eymieu, *Les buts de guerre de la Providence*, Perrin, 1918 (faillite du Scientisme).

(2) *Le problème du mal*, par le P. de Bonniot (Beauchesne) ; préface de X. Moisant. — Ant. Eymieu, *La Providence et la guerre* (Perrin, 1916), vues abondantes sur le finalisme, sur la répartition des biens et des maux, sur l'origine du mal (La Prov. et le mal) ; cf. Mgr d'Hulst, Conférences, 1892.

cipes, seule qualifiée pour traiter et terminer les *pro-blèmes sociaux.*

8. *Pour le relèvement, aujourd'hui.*

L'expérience a montré, nous le rappelons plus haut, ce que l'on gagne à se passer de Dieu. Le laïcisme, qui est le parti pris d'ignorer l'enseignement religieux, n'a pas évidemment le monopole de la criminalité juvénile, du banditisme féroce, de l'antimilitarisme, et de la dépopulation consciente ; mais on cherche quel frein il opposerait à ces désordres. Il n'a, ni dans ses principes, ni dans ses patrons, de quoi empêcher ces écarts. La retenue, la modération relative qu'il obtiendra, s'il l'obtient, n'engagera jamais la conscience ; ou, du moins, la conscience, laissée aux seules notions philosophiques de la solidarité, se dérobera faute de courage.

2. AUX HOMMES

L'enseignement religieux, condition d'une éducation sérieuse, est particulièrement nécessaire aux hommes... Pourquoi ?

D'abord, *parce qu'il est plus ordinaire aux hommes de chercher à s'y soustraire ;* d'estimer qu'ils n'en ont pas besoin, d'agir comme si la religion n'existait pas, ou n'était bonne que « pour les femmes »... Etant plus réfractaires au traitement, ils ont un plus grand besoin du remède.

La religion n'est pas moins « bonne », pour les hommes que pour les femmes, par une raison qui dispense d'en donner d'autres : c'est qu'elle ne leur est pas moins nécessaire. Toute différence de vocation et de sexe s'efface ici : hommes, femmes, sont *également tenus,* en qualité de créatures, au service du Créateur dans la religion de son choix. Si l'homme est plus porté que la femme à se croire dispensé de la religion, il montre seulement par là que l'orgueil lui est plus ordinaire.

Et puis, *parce que l'Eglise, la famille, la société, attendent beaucoup de la religion des hommes.*

Ce sont les hommes qui, sur les destinées de la cause religieuse, exercent la principale influence.

S'agit-il de la *vie sociale* en général — nous entendrons par là l'organisation des secours matériels et moraux que la société fournit à ses membres, — c'est du contrôle et de l'action des hommes que dépendent la politique, l'armée, les finances, les lois. Surtout dans la politique (étymologiquement, c'est la bonne administration de la cité ; le fonctionnement régulier des rouages d'un pays), tout relève d'eux, par les assemblées délibérantes, et par le vote.

S'agit-il de *la famille* ? De toute manière, et de droit naturel, l'homme en est le chef ; et le droit divin positif, qui résulte de l'enseignement révélé, n'a pas modifié ce ministère capital ; il en a plutôt accru l'importance.

Pour en comprendre toute la grandeur, il suffit de rappeler qu'il est au pouvoir du père de famille de faire ou de ne pas faire baptiser son enfant ; qu'il dépend de lui de donner à l'enfant tels ou tels maîtres ; que l'enfant ne connaîtra pas le prêtre, ou le verra trop peu, si son père le veut ainsi ; que l'usage même du Sacrement par excellence, aliment de la vie surnaturelle, et par conséquent tout le régime de la vie chrétienne de l'enfant, est subordonné en quelque manière aux permissions qu'il donnera. Responsabilités redoutables, lourdes charges, que l'Eglise elle-même ne craint pas, pour une part, de lui confier ; montrant par là qu'Elle ne compte pas agir sans lui ; que le sacerdoce catholique, sans être à la merci du père de famille, n'aura pourtant d'action réelle et durable que moyennant son concours ; que lui aussi, enfin, il a charge d'âmes, à sa manière, parce que le salut de plusieurs âmes, dans la famille, se trouve providentiellement rattaché à son ministère familial.

On voit, par ces indications sommaires, de quelle conséquence il sera que l'homme soit ou ne soit pas chrétien. Et nous disons *chrétien* comme il convient que l'homme le soit pour une telle charge, c'est-à-dire comme chef de famille.

Trop souvent, ici, on renverse les rôles. On laisse à la femme l'honneur de s'acquitter envers Dieu au nom de tous ; par une sorte de contrat tacite, on lui abandonne, avec les soucis de l'intérieur, le service religieux ; l'homme, lui, se chargera du reste. Tandis que la femme sera à l'église ou s'occupera de prier, il s'autorisera de cette fonction, si bien remplie par elle, pour s'en dispenser lui-même, et pour vaquer à des affaires moins relevées. Contre les mauvais jours, contre l'orage, on se rassure : la maison est bien gardée, le paratonnerre est en bon état. On dit au Seigneur, avec tout le respect possible : « Seigneur, j'ai fait deux parts dans ma vie : celle du ciel, et c'est ma femme qui se charge d'y pourvoir ; celle de la terre, et c'est moi qui en garde le soin ; permettez que ce souci m'absorbe tout entier. »

Comme si le compte à rendre à Dieu n'était pas, d'abord, aussi nominatif, aussi personnel, que la vie même de l'âme : « Insensé, c'est *votre âme*, que l'on vous redemandera cette nuit. » Et comme si les comptes à rendre *au nom de la famille* ne concernaient que la femme, alors que l'homme demeure ici le principal responsable, parce que chef, maître, et guide. C'est *comme famille* que la famille doit à Dieu son hommage : le père, l'époux, premier tuteur et principal gardien, pourrait-il sans péché se désintéresser de ce *devoir de famille* ?

Mais, sans une instruction religieuse proportionnée, sera-t-il capable de ce grand rôle ? Lui qui doit instruire sa famille, comment le fera-t-il s'il n'est pas instruit lui-même ?...

3. PAR LA FEMME

Les Femmes ont ici une *mission importante* à remplir, et qui leur est propre. Pour être indirecte et secondaire, leur action n'en sera pas moins efficace ; action souveraine si elles le veulent. Je voudrais dire laquelle, et préciser ici ce *travail féminin*.

Travail d'éducation d'abord. C'est de beaucoup le plus considérable. L'enfant prépare l'homme ; tout l'homme est dans l'enfant, lequel n'oublie jamais tout à fait les leçons d'une mère chrétienne. Pour mériter jusqu'au bout la vénération que lui a vouée son fils dans le temps des premières enfances, la vertu maternelle vaudra mieux que le savoir, bien que le savoir n'y soit pas inutile ; et parmi les leçons entendues, c'est la leçon religieuse qui persistera le plus longtemps si la mère ou la sœur ont su prendre au sein de la famille un ascendant chrétien.

Mais, ce rôle d'éducatrice souligné et mis à part (j'en ai parlé plus haut), que peuvent encore tenter les dames? De quels moyens disposent-elles ?

J'en indique trois :

L'information ou l'initiation ;

La préservation ;

La persuasion.

A. L'INITIATION

Mais quoi, encore l'étude ? Oui, certes ; quand il s'agit de connaissances religieuses, des « clartés de tout » ne suffisent pas.

Il est du devoir de la femme de n'être pas étrangère aux *raisons de croire*. Certes, l'homme qui voudra l'entreprendre sur ce chapitre sera souvent plus fort, scientifiquement ; il ne faut pas que pour autant elle se croie dépourvue, ou inférieure. A côté des raisons techniques, qui regardent le théologien ou l'apologiste de profession, il en est d'autres, simples, exemptes d'appareil, faciles à développer ; entre autres, l'apologétique fondamentale, par l'Eglise, telle que la propose le Concile du Vatican (1).

M. Etienne LAMY, parlant du savoir des femmes en général, vante avec raison les avantages d'une culture modérée, mais ample, qui, sans conduire les dames au pédantisme, les rendrait capables de figurer autrement que par leurs charmes dans les salons où elles règnent :

Les femmes du monde peuvent aujourd'hui paraître instruites sans crainte d'être ridicules. A elles d'en profiter ; qu'elles emploient cet art de l'accueil et cette gradation des prévenances, où elles excellent, à mettre en son rang auprès d'elles le mérite ; qu'elles surprennent le savant par leur intelligence de ses travaux, qu'elles rendent par leurs questions et leurs réponses aux politiques, aux historiens, aux lettrés, aux artistes, le courage de parler leur habituelle langue ; que ce qui est d'importance pour l'art, pour la nation, pour le genre humain, commence à exister pour les salons. Qu'elles ne craignent pas pour le charme et pour la vivacité des entretiens. Si l'esprit français fait depuis longtemps le chef-d'œuvre de soutenir la conversation mondaine

---

(1) Propagation, sainteté, fécondité, unité, stabilité, qui font de l'Eglise un grand et perpétuel motif de crédibilité.

sans être lui-même soutenu par rien, combien son rôle deviendra-t-il plus facile quand il aura pour l'exciter, l'élever, le varier, des sujets dignes de lui. Mais par cela seul que ces sujets supposent quelques réflexions et quelques études, l'avantage sera aussitôt pris par les hommes de pensée, de savoir, c'est-à-dire par ceux qu'il y a profit à entendre. Et les jolis diseurs de riens, s'étonnant d'être réduits à écouter, verront diminuer leur importance. Eux-mêmes alors pour la reconquérir changeront de méthode. La plupart sont capables de mieux qu'ils ne font. La coquetterie, au moins à l'égal de la paresse, les a attachés à la vie oisive. S'ils voient que, pour compter auprès des femmes, les anciens prestiges ne suffisent plus, leur vanité est capable de prendre par frivolité le sérieux s'il devient à la mode (1).

C'est surtout vrai du savoir que donne la foi, du sérieux des connaissances religieuses. Une dame doit pouvoir, dans l'occasion, relever le propos d'un mari, d'un fils, d'un invité, qui s'énonce mal en matière de religion, qui mêle tout, confond tout, s'en rapporte à des on-dit, ne cite aucune source, ignore enfin ou dénature la vérité. Le plus souvent, le simple énoncé de la doctrine suffira pour réfuter cet homme, qui ne sait rien.

L'utilité des *Cercles d'études*, à ce point de vue, est manifeste. — Bien organisés, avec des programmes précis, avec des travaux suivis et méthodiques, et des contrôles sûrs ; entretenus par le travail, guidés enfin par l'Eglise, ils assureraient, aux jeunes chrétiennes qui ont des capacités et des loisirs, l'ardeur de l'étude, le besoin de la répandre, un goût relevé, avec une instruction religieuse approfondie. Voir le très important chapitre consacré aux *Cercles d'études* dans les *Dossiers de l'Action Populaire*.

Les *Cours de Religion* ne sont pas moins utiles, ils sont plus nécessaires. Il les faudrait désirer, et organiser. Il les

---

(1) Voir aussi, sur ce sujet, Mgr TISSIER, *Les femmes du monde* (Celles qui pensent) ; — Mgr GIBIER, *Relèvement national* (Téqui, 1920), 2ᵉ p., ch. 15 ; — M. L. GILLET, *L'Eglise et la Famille* (Desclée, 1917), 3ᵉ p., *Les mères chrétiennes et l'enseignement religieux*, p. 263 ; — Récemment, Mgr TISSIER, *Les soucis d'une femme du monde* (Téqui, 1920), chap. 10, 11, 12, Etudes, Dévotion, Œuvres.

faudrait suivre, surtout par conviction, par devoir, assidûment, dût-on ne pas s'y plaire. On se désintéresserait du renom du professeur ou des agréments de la forme, pour ne s'attacher qu'au fond des choses. Il y faudrait prendre des notes, les rédiger, les revoir ; poser des questions, ne laisser rien dans le clair obscur, prévoir et formuler les objections, s'assimiler les solutions. — Il y faudrait encourager le maître, en lui laissant comprendre qu'on le suit avec confiance, qu'on le suivra s'il va plus loin dans l'exposé, qu'il peut aborder telle preuve, traiter tel chapitre, oser beaucoup, se fier pleinement à ses disciples...

L'Enseignement du Catéchisme, enfin, à domicile, au patronage, dans l'église ou ailleurs, sera souvent le moyen le plus facile de s'instruire soi-même de sa religion. Il faut savoir très bien pour enseigner, la religion non moins que le reste. Indépendamment du service que rendent aujourd'hui à la cause de la religion celles qui se dévouent à ce ministère de miséricorde spirituelle, si recommandé, si nécessaire, les dames catéchistes se procureront à elles-mêmes l'avantage d'une science religieuse plus informée, et mieux assimilée. Voir la bibliographie du sujet dans le *Manuel pratique d'Action Religieuse*, 1915 (p. 361).

Nous rassemblons ici, dans une note sommaire, quelques ouvrages particulièrement utiles au but que nous venons d'indiquer :

D'ALÈS, *Lumen vitæ*, Beauchesne.

Paul AVENEL, *Les aspects de la Prédication de Jésus*, Bloud, 1919.

J.-V. BAINVEL, *Nature et Surnaturel*, Beauchesne.

E. BARBIER, *Cours populaire d'Histoire Sainte*, Lethielleux, 1919.

P. BATIFFOL, *Six leçons sur les Evangiles*. — *Orpheus et l'Evangile*. — *Leçons sur la messe*. — *L'Eglise naissante et le catholicisme*, Gabalda.

L. BOUCARD, *Dieu. L'âme. Jésus-Christ. L'Eglise*. — *Le dogme catholique devant la raison et la science*. — *Les Sacrements*. — *Vie de N.-S. J.-C.*, Beauchesne.

BOURCHANY, *Conférences apologétiques*, 1911, Gabalda.

BRASSAC, *Manuel biblique*, nouv. édit., Gabalda.

Y. DE LA BRIÈRE, *Les luttes présentes de l'Eglise*, 4 séries (Bonne Presse, 1re série ; Beauchesne, les trois autres).

Marie BROCARD, *La lumière du monde* (rue Bayard, 5) ; (conseils de pédagogie chrétienne, d'après saint Thomas).

Abbé BUATHIER, *Le Sacrifice dans le dogme catholique et dans la vie chrétienne*, Beauchesne.

Mgr Moyse CAGNAC, *Fénelon, Lettres de direction*. — *Fénelon apologiste de la Foi*. — *Fénelon directeur de conscience*. — *Jésus*, cinq confér. sur la Divinité de Jésus-Christ, de Gigord.

J. CALVET, *Pour refaire la France*, 2 vol., Beauchesne.

CAMUS, *Vie de N.-S. J.-C.*, 3 vol., Poussielgue.

F. CAVALLERA, *Thesaurus Doctrinæ Catholicæ*, Beauchesne, 1920.

L. CHOUPIN, *Valeur des décisions doctrinales et disciplinaires du Saint-Siège*, 2ᵉ éd., 1913, Beauchesne.

COMPAING, *Notre Foi*, Beauchesne.

P. COULET, *Problèmes de l'heure présente*, Action Populaire.

DUBRUELLE, *Je crois en Dieu*, Beauchesne.

Abbé Léon DUFLOT, *Apologétique chrétienne. La Religion. L'Eglise*, 1 vol., Téqui, 1919.

DURAND, *L'Enfance de J.-C.*, 1908, Beauchesne.

DUPLESSY, *Dominicales*, 3 vol., Téqui (et la Revue *La Réponse*).

A. EYMIEU, *Le gouvernement de soi-même*. — *La Providence et la guerre*. — *Les buts de guerre de la Providence*. — *La part des croyants dans les progrès de la Science au XIXᵉ siècle*, Perrin.

Germain FOCH, S. J., *La vie intérieure*, Vitte.

Abbé FOUARD, *Vie de J.-C.*, 2 vol. — *Saint Paul*, 2 vol. — *Saint Pierre*. — *Saint Jean*, Gabalda.

GARDEIL, *La crédibilité et l'apologétique*, 1911, Gabalda.

DE CIBERGUES, *Croire*, 1913, de Gigord (et toute la collection des œuvres de l'Evêque de Valence).

Mgr GIBIER, *Les temps nouveaux. Relèvement national*. Téqui, 1920. (Deux séries d'ouvrages ont précédé ce volume : 1ʳᵉ série, *Conférences aux hommes*, 16 vol., Lethielleux ; 2ᵉ série, *Les Devoirs de l'heure présente*, 10 vol., Lethielleux. *Les temps nouveaux* forment une 3ᵉ série, qui comprend : *Religion*. — *Famille*. — *Patrie*. — *Paroles de la guerre*. — *Relèvement national*, Téqui).

L. DE GRANDMAISON, *Jésus-Christ*, art. du *Dictionn. Apolog. de la Foi*, Beauchesne.

GUIBERT, *Les Origines*, Beauchesne.

GRIMAL, *Le Sacerdoce et le sacrifice de N.-S. J.-C.*, Beauchesne.

Jos. HUBY, *La Conversion*, Beauchesne, 1919. — *Christus, La Religion chrétienne*, Beauchesne, 1919. (Il existe un premier *Christus*, manuel d'Histoire des Religions. Le P. HUBY a publié à part, en 1919, le chapitre de ce Manuel qui concerne la Religion chrétienne).

HUGUENY, *Critique et Catholique*, 3 vol., Letouzey.

HUGON, *La Sainte Eucharistie*, Téqui.

D'HULST, *Conférences de Notre-Dame.* — *Lettres de Direction.* — *Mélanges*, de Gigord. (L'œuvre entière est de premier ordre).

JACQUIER, *Hist. des Livres du N. T.*, 4 vol., Gabalda.

JACQUIER et BOURCHANY, *La Résurrection de J.-C.*, 1911, Gabalda.

JANVIER, *Conférences de N.-Dame*, Lethielleux.

Abbé KIEFFER, *L'autorité dans la famille et à l'école*, Beauchesne.

LABAUCHE, *Leçons de théol. dogmatiq.*, 4 vol. — *Dieu.* — *L'Homme.* — *Les Sacrements.* — *L'Eucharistie.*

LABOURT, *Cours sup. d'Instr. Relig.*, 1909, Gabalda.

DE LAPPARENT, *Science et Apologétique*, Gabalda.

LEBRETON, *Les origines du Dogme de la Trinité*, 1910, Beauchesne. — *Le Dieu vivant. La Révélation de la Sainte Trinité dans le N. T.*, Beauchesne, 1919. — *La Sainte Eucharistie* (brochure) et la collection : *Ce qu'un catholique doit savoir*, Beauchesne.

LEMOINE, *Je crois en Jésus-Christ*, Téqui.

LEPIN, *Jésus-Christ, sa vie et son œuvre*, 1913, Beauchesne (résume les importants ouvrages du même auteur sur le 4e Ev. et sur J.-C. Messie).

LESÊTRE, *La Foi catholique.* — *Vie de N.-S. J.-C.* — *L'Eglise.*

Mgr LE ROY, *Credo*, Beauchesne.

MAINAGE, *Psychologie de la conversion.* — *Le Témoignage des Apostats.* — *Les Témoins du renouveau catholique*, Beauchesne.

MANGENOT, *La Résurrection de J.-C.*, 1910, Beauchesne.

Dom COLUMBA MARMION, *Le Christ vie de l'âme.* — *Le Christ dans ses mystères*, 1919, Desclée, et abbaye de Maredsous (Belgique).

MESCHLER, *Jésus, Quelques traits de la physionomie morale de Jésus*, 2e éd. (trad. abbé de la Chapelle), Beauchesne.

Abbé MICHEL, *Questions théologiques du temps présent;* Beauchesne, 1918.

MOENNER, *Le Témoignage de l'Evangile*, 1920, de Gigord (avec une bibliographie apologétique et théologique considérab'e).

A. MONFAT, *Les vrais principes de l'éducation chrétienne rappelés aux maîtres et aux familles*, 2e éd., préface de Mgr LAVALLÉE, Téqui, 1919.

MONSABRÉ, *Exposition du Dogme catholique*, Lethielleux.

MORINEAU, *Exposé succinct du dogme catholique*, Beauchesne.

Abbé MOULARD et VINCENT, *Apologétique chrétienne*, Beauchesne.

F. MOURRET, *Histoire générale de l'Eglise*, 8 vol., Bloud.

Gust. NEYRON, S. J., *Le gouvernement de l'Eglise*, Beauchesne, 1919.

OSSEDAT, *Le surnaturel présenté aux hommes du monde*.

Thomas PÈGUES, o. p., *La somme théologique de saint Thomas d'Aquin en forme de catéchisme*, Téqui 1919.

PICARD, *La Transcendance de J.-C.*, 1905, Plon.

R. PLUS, S. J., *Dieu en nous. — L'Idée Réparatrice*, Beauchesne.

DE POULPIQUET, *L'objet intégral de l'Apologétique*.

POURRAT, *La Théologie sacramentaire*, 1907, Gabalda. — *La Spiritualité chrétienne*, des origines au moyen âge, Gabalda.

P. PRAT, *La Théologie de saint Paul*, 2 vol., Beauchesne.

Abbé Louis PRUNEL, *Cours supérieur de Religion*, Beauchesne. — Les fondements de la foi. — Les Mystères. — La Grâce. — L'Eglise. — Les Sacrements.

RIVIÈRE, *Le Dogme de la Rédemption*, Gabalda.

ROSE, *Etudes sur les Evangiles* (puis chacun des Synoptiques, et les Actes, à part), Bloud.

E. ROUPAIN, *Leçons et lectures d'Apologétique : I. La Vraie Religion. — II. La Véritable Eglise*. Casterman, 1914.

Louis SALTET, *Histoire sommaire de l'Eglise*, 2e éd., de Gigord, 1920.

Abbé J.-B. SENDERENS, *Apologie scientifique de la Foi chrétienne* (Duilhé de Saint-Projet), Poussielgue, 1908.

A.-D. SERTILLANGES, o. p., *Jésus*, 1 vol. — *L'Eglise*, 2 vol. — *La Famille et l'Etat dans l'éducation*, 1 vol., Gabalda. — *Les sources de la croyance en Dieu*, 11e éd. 1919, Perrin.

DE SMEDT, *Notre vie surnaturelle*, 2 vol., Dewit, Bruxelles.

Abbé TERRASSE, *Cours complet d'enseignement religieux*, 5 parties, Beauchesne.

TERRIEN, *La grâce et la gloire*, 2 vol., Lethielleux.

Mgr TISSIER, *Les croyances fondamentales*, 1 vol. — *Les tâches idéales : Religieuses, Educatrices, Patriotiques*, 1 vol. — *Vérité et vérités*, 1 vol., etc., Téqui (voir la série entière, précieuse pour les éducateurs). — *Consignes catholiques*.

TIXERONT, *Histoire des dogmes dans l'antiquité chrétienne*, 3 vol., Gabalda. — *Précis de Patrologie*, Gabalda, 1920.

VALENSIN, *Jésus-Christ et l'étude comparée des Religions*, 1912, Gabalda.

Dict. Apologét. de la Foi cathol., Beauchesne.

Dict. de Théologie cathol., VACANT et MANGENOT ; Letouzey.

Dict. de la Bible, VIGOUROUX ; Letouzey.

Dict. de Droit canonique, VILLIEN ; Letouzey.

Dict. d'Archéologie chrét. et de liturgie, dom CABROL ; Letouzey.

Revue pratique d'Apologétique, Beauchesne.
Études, 5, place Saint-François-Xavier, VIIᵉ.
Les brochures *Science et Religion*, Bloud (de valeur inégale ;
demander la table systématique).
Plans et Documents, Action Populaire.
Dossiers de l'Action Populaire, 1920.

B. LA PRÉSERVATION

Une seconde tâche incombe à la femme, un rôle qui
ne souffre guère d'intermittences, et qui va mieux à son
caractère.

Instruire, enseigner, demeure en effet, quand il s'agit
de la doctrine religieuse, l'office propre du prêtre ; on
ne le remplit auprès de lui, avec lui, que pour être l'écho
de sa parole et le porte-voix de ses leçons.

Mais, remarquons-le, la démonstration, l'enseignement méthodique, l'exposition fidèle ne suffit pas. Ce
n'est pas elle, qui convertit. Elle ne donnera jamais du
reste l'évidence de l'objet à croire ; il ne sera jamais
absurde de ne pas croire.

Et puis, psychologiquement, ce n'est pas assez, pour
être amené à croire et pour s'y décider, que la vérité
soit établie sur preuves sans réplique, et rendue croyable ;
il faut que l'âme soit saisie, gagnée, la volonté autant
que l'esprit ; que la vérité devienne aimable ; c'est le
rôle très important du vouloir dans la *préparation de
la foi*.

Enfin, avec l'intelligence, avec la volonté, et dans tout
le cours du travail, il est indispensable que la Grâce
agisse ; et la grâce s'obtient par la prière humble, non
par l'effort de l'intelligence.

Disposer l'âme, préparer les voies, dégager et entraîner
le vouloir, attirer le secours divin, c'est la meilleure
manière de seconder le prêtre qui instruit et qui prêche.

Ce sera, en partie, le rôle de la femme. *Rôle de pré-servation*, nous avons dit : pourquoi ? l'Evangile nous l'apprend (1).

Dans l'Evangile *trois passages* indiquent cette *influence préservatrice*, aussi nécessaire que l'initiation ‘elle-même pour l'avènement de la religion dans les âmes (*).

C. La Persuasion

Il s'agit surtout d'obtenir. — La femme y réussit mieux que d'autres, quand elle est : 1) consciente de sa vraie force, le cœur ; 2) oublieuse d'elle-même ; 3) et digne de sa mission surnaturelle, par un sincère amour de Dieu qui lui rendra l'âme de son mari plus chère que la sienne.

Obtenir par l'exemple ; rôle de la piété solide dans l'apostolat ; tort grave que font à la religion les défauts de caractère. — Les qualités de la Femme forte (Prov.) sont autant de vertus.

------

(1) Mgr Freppel (*Œuvres pastorales et oratoires*, t. 5, p. 319) traite de l'excellence de la Foi. A la Foi, l'homme peut opposer des *résistances* ; Mgr Freppel en signale quatre : le manque de prière ; la négligence à s'instruire de la foi et l'abandon du devoir religieux ; l'orgueil, mépris de la souveraineté divine, et l'infatuation ; enfin, à l'origine des défections, le dérèglement des mœurs.

On trouvera aussi, dans les *Œuvres oratoires* du P. de la Colombière (1834, Clermont-Ferrand), tome V, un excellent sermon sur le *peu de foi considéré comme un vice de la volonté* : on ne s'instruit pas ; on ne prie pas ; on n'agit pas. Le premier point est remarquable. Le second considère le rôle du cœur et l'influence des passions sur la volonté, comme le premier avait considéré le rôle de la volonté sur l'intelligence.

(*) *Nous omettons ici les pages 195 à 204 de la première édition, commentaire sobre de ces trois passages : 1° saint Marc, 6, 17, le drame qui a coûté la vie au Précurseur ; influence malfaisante d'une femme ; 2° saint Luc, 8, 11, la semence ; heureuse action de la semeuse ; 3° saint Matthieu, 13, 24, la zizanie ; l'ennemi sème la zizanie (mauvaise doctrine) parce qu'on ne veille pas sur ses manœuvres.*

Obtenir *par l'insistance... Mais il y a la manière, le jour et l'heure.*

Obtenir *par la souffrance.* — *Voir Saint Augustin, par Louis* BERTRAND, *sur le rôle de sainte Monique.* — *Nous avons rappelé plus haut le ministère spirituel rempli par* Mme *Leseur auprès de son mari incrédule* (1).

(1) La première édition développait ces considérations, p. 197 à 205.

CHAPITRE VII

NOS SERVITEURS

Un bon serviteur est aujourd'hui, dit-on, un meuble rare. Il y a pénurie de serviteurs désintéressés, fidèles, dévoués.

On peut ne pas s'entendre sur l'explication du fait, mais le fait est certain. On ne s'accordera pas toujours sur la qualité du remède ; mais il faut convenir que le mal existe.

Les maîtres se plaignent. Leur réquisitoire n'est pas précisément nouveau, ni foncièrement injuste. Les domestiques, de leur côté, trouvent leur sort peu enviable. Çà et là, ils récriminent, et beaucoup, et très haut. Les salaires sont insuffisants, les gages mal payés, les congés rares, les journées trop pleines, les maîtres trop exigeants, les besognes trop dures... Faisons, si l'on veut, la part de l'exagération, et celle du mauvais esprit, qui envenime tout ; mais avouons que les défauts de beaucoup de maîtres ou de patrons, aujourd'hui, ne sont pas de ceux qui apaisent la rancune ou l'animosité des serviteurs.

Il y a, dans la Sainte Écriture, une parole sévère à l'adresse de David après sa faute : « Vous avez fait blasphémer le Nom divin »... C'est ainsi que certains défauts sont d'un effet déplorable en ceux qui com- mandent : telle l'humeur capricieuse et fantasque, qui se déchaîne soudain, et sévit sans qu'on sache pourquoi ; telle la morgue hautaine, qui, loin d'effacer les distances, s'efforce, et jusqu'au ridicule, de les grandir ; telles les façons irritables et altières, qui ne s'accommodent d'aucune imperfection, ne tolèrent aucune maladresse, comme si la condition de la domesticité fût d'être sans défauts (1) ; telle encore la manie de la fausse grandeur, et le faste des parvenus ; tandis que les hôtes admirent le train de maison, vantent le luxe étalé, les serviteurs, témoins des dédommagements sordides qui parfois compensent cet éclat, ne se gênent pas pour mépriser de

---

(1) « Par une contradiction singulière, on exige des serviteurs une grande vertu, et en même temps on les en déclare incapables. Ce qu'il leur faudrait, pour nous satisfaire, de fidélité, d'em- pressement, d'exactitude, de désintéressement, de patience (et j'en passe) en ferait presque des saints. Si peu qu'ils s'écartent de ce programme idéal, on s'en étonne comme d'une chose impré- vue, on s'en irrite comme d'une énormité ; et en même temps on ne tarit pas sur l'égoïsme et la perversité, et la négligence incurable de cette caste inférieure... » (Am. DE MARGERIE, *La Famille*, 21ᵉ leçon).

telles gens. Telle, surtout, la frivolité des vies désœuvrées.

On voit, dans *Luis* (1), un valet fort au courant des allures de Madame, se venger sur le fils de la maison de certains procédés (qu'il appelle injustes) dont il est lui-même victime ; personnage peu respectable au demeurant, valet sans honneur, qui, chassé de la maison de ses maîtres pour un méfait, ne quitte pas la place sans avoir révélé au fils de famille les agissements secrets de sa mère. Si la dame frivole avait élevé son fils, de telles confidences n'auraient même pas été possibles, ou elles auraient manqué de fondement.

Des torts existent, *des deux côtés*. Il faudrait une entente, il y a défiance ; un accord, il y a désunion. Le mal est profond. Le constater n'apprendra sans doute rien à personne... et ne suffit pas.

Où est le remède ? Existe-t-il ?

Le remède ? Ce sera, tour à tour, et tout ensemble,
   la loi ;
   la famille ;
   la religion.

1. LA LOI

La loi n'est pas impuissante, il s'en faut. Que peut-on, avec elle ? Il s'agit surtout des lois françaises.

On consultera (chaque *Cercle d'études* devrait le faire) l'*Année Sociale Internationale* 1912 (2). On y verra ce que l'on peut faire, ce que l'on a fait :

pour organiser l'épargne (p. 239) et encourager la prévoyance libre ;

---

(1) *Luis*, par P. LHANDE, Plon, 1912. — On lira volontiers *Les soucis d'une femme du monde*, par Mgr TISSIER (Téqui, 1920).

(2) *Action Populaire*. Voir aussi *Année* 1910, p. 255 ; *Année* 1911, p. 467.

pour régulariser le travail féminin ;

pour relever le salaire de la femme ;

pour améliorer et rendre plus utiles les bureaux de placement (1) (p. 692) ;

pour régulariser l'assurance-chômage et l'assurance-maladie ;

pour empêcher cette « promiscuité du sixième » (le terme est consacré ; il dit l'étendue du mal ; le mal sévit du reste ailleurs qu'au sixième), qui n'est qu'une forme atténuée de la honteuse traite des blanche (2).

L'insécurité est le trait caractéristique du sixième étage. Celui-ci est partagé en chambres mansardées, dont les unes ont vue sur la rue, les autres sur la cour, et dont d'autres en plus grand nombre reçoivent l'air et le jour par des ouvertures ou tabatières pratiquées dans le toit. On compte 30, 40, 50, 80 chambres, suivant l'importance de l'immeuble. L'enquête a permis de constater que ces chambres sont dotées presque partout de serrures uniformes et que les clés sont les mêmes ; si les serrures sont différentes, le moindre passe-partout les ouvre facilement... Pour pouvoir décrire ces logements, il faut y avoir habité, comme j'en ai eu l'occasion. Jamais cette vision macabre ne sortira de mon souvenir. Ma plume se refuse à la décrire, mais je pose en fait, sans crainte d'être démenti, qu'il est impossible à une jeune

---

(1) « Il existe à Paris 224 bureaux de placement pour les domestiques ; les pauvres filles y sont durement exploitées ; ces bureaux prélèvent par an *deux millions* sur les chercheuses de places. Le placeur retient sur le salaire le tiers du mois, plus un droit d'inscription variant de 2 à 5 francs et 25 centimes par jour pour droit de résidence. Certaines agences réclament un droit d'inscription fixe de 50 centimes et une retenue de 5 % sur les gages annuels du domestique placé. S'il change trois ou quatre fois par an, on voit ce que prélève le courtier. » (JEAN-PIERRE. *La crise du service domestique.* A. P. n° 46).

(2) « La question du logement féminin aurait sa place marquée dans un article sur *la traite.* Toutes les villes de quelqu' importance, en raison de l'audace des trafiquants, sont aujourd'hui des lieux de perdition pour les jeunes filles habitant seules. Soit que, domestiques, elles logent dans la promiscuité du « sixième » ; soit que, ouvrières et employées, elles demeurent en garni, elles sont exposées à toutes sortes de tentations et de pièges » (p. 267).

fille, si forte de caractère qu'elle soit, matériellement et moralement impossible, de rester honnête dans un pareil milieu (1).

Dans l'une de ses causeries, aussi judicieuses qu'agréables, sur le Féminisme, Colette Yver (*Correspondant*, 25 avril 1920) s'élève contre le *Travail de la femme mariée.*

Si l'on admet *la famille*, c'est-à-dire un père unique, une mère unique, et tous deux responsables des enfants qu'ils ont mis au monde, il est impossible de l'établir sur la liberté réciproque de tous les membres... Au centre de cet élément social se trouve la femme : « Dégagez-la, tout se désagrège ». Elle est le *lien* de tous les éléments qui composent le foyer. Elle n'est donc plus dans son rôle lorsqu'elle s'évade du foyer pour travailler au dehors.

A) Ce n'est pas l'*intérêt de la société.* — On s'en aperçoit peut-être moins pour la femme qui travaille à l'usine, parce que « la courageuse créature qu'est la femme du peuple fait ce miracle » ; plus rudimentaire, plus accommodante que la femme de la classe moyenne, elle réussit à cumuler la maternité avec le rôle de pourvoyeuse d'usine. Mais les complications de l'existence bourgeoise ne laissent à la femme de la classe moyenne ni le temps ni le goût d'élever trois ou quatre enfants et d'être occupée au dehors. Et l'on n'a pas tranché la difficulté en faisant appel à des soins mercenaires. Le résultat sera « ce que nous voyons tous les jours dans le ménage où la femme possède un emploi comme son mari, et où la naissance d'un enfant représente une catastrophe : on n'aura qu'un enfant, que l'on placera en nourrice, ou mieux on n'en aura pas du tout, car on reculera devant les difficultés insurmontables qu'il y a, dans de pareilles conditions, à élever une famille ».

B) Ce n'est pas non plus *l'intérêt de la femme.* — La nature, plus puissante que les systèmes, a fait la femme pour procurer à l'homme, dans la société conjugale, non pas les joies subtiles d'un compagnonnage ou d'une association de talents égaux, mais *le bonheur :* ce que l'homme veut retrouver dans cette intimité, c'est sous une forme nouvelle un reste de ces douceurs et un prolongement de ces sollicitudes que lui donnait sa mère. Et la femme n'est jamais mieux dans son rôle véritable, elle n'est jamais plus heureuse dans le mariage, que lorsqu'elle se livre à cette vocation, qui est la sienne.

---

(1) JEAN-PIERRE, *La crise...*, p. 30.

c) A ces considérations, si l'on oppose le droit pour la femme (ou la nécessité) de contribuer par son gain à la subsistance du ménage, ce *droit*, répondrons-nous, ne saurait s'exercer au préjudice de la famille, qui réclame la présence de la femme chez elle. Quant à la *nécessité*, inutile de la nier, hélas ! mais il importe de protester contre elle, et d'y voir un désordre social, dont on cherchera le remède ailleurs que dans le travail féminin.

D) Si l'on objecte enfin que le surcroît de naissances féminines explique cette évolution des mœurs et l'afflux des femmes vers les carrières libérales, la réponse sera la même : cette évolution des mœurs n'est pas si fatale qu'on ne doive la regretter et y remédier si elle nuit aux intérêts de la famille.

Autrefois déjà les filles naissaient plus nombreuses que les garçons, et les guerres décimaient les hommes ; mais on s'était avisé d'une solution sur laquelle l'auteur ne craint pas d'insister : des milliers de jeunes filles qui auraient dans le monde attendu en vain le mari éventuel possédaient, dans les couvents de femmes, le refuge, le vivre et le couvert, et il n'y avait pas de crise féminine...

Par ailleurs, le travail féminin étant ce qu'il est, en fait, il faut rendre hommage aux mesures déjà prises pour l'amélioration des conditions de ce travail, notamment par l'institution du *Comité de Travail Féminin* (21 avril 1916). Une chronique importante de la *Revue Politique et Parlementaire* (36, rue Vaneau, Paris-7e), du 10 mars 1920, s'étend sur les résultats obtenus, pour la protection de la maternité ouvrière (organisation remarquable dans certains centres industriels, à Bourges, à Clermont-Ferrand, etc.), avec le concours dévoué des *surintendantes d'usine*. L'auteur de cette chronique ne croit pas, pour sa part, que « le péril que peut faire courir à l'avenir de la race française la présence de quelques centaines de milliers de femmes dans les ateliers industriels soit aussi grave que certains bons esprits l'ont prétendu » ; mais en même temps il trace au législateur un programme à réaliser, « œuvre de longue haleine », pour compléter notre législation du Travail : 1° sur les modalités du travail de la femme (huit heures) ; 2° sur le repos de la femme enceinte et la création de maternités comme à Saint-Etienne (l'organisation sauverait 50.000 enfants, p. 241) ; 3° sur l'hygiène industrielle (service médical, surintendantes d'usine).

2. La Famille

La Loi, pourtant, ne suffit à rien.

Ce qui manque, dans l'espèce, entre maîtres et serviteurs, ce n'est pas de l'artifice des lois ni du jeu des institutions qu'il le faut attendre ; pour *deux raisons* :

Première raison. Les qualités que réclame le service domestique (docilité, fidélité, dévouement) ne sont ni uniquement ni principalement *professionnelles*. Elles tiennent plus de l'*état moral* de l'individu qu'elles ne relèvent de son *savoir technique*. A un commis de banque, à un employé de commerce, à un garçon de magasin, on demande qu'il sache et qu'il fasse son métier, presque rien au-delà. Au serviteur, à la servante, on demande autre chose, et d'ordre plus relevé. Quoi donc ?... Les lignes suivantes, d'un publiciste, le feront comprendre :

Le mot de Beaumarchais est d'une éternelle vérité. Dire d'un domestique : « il est bon domestique », c'est lui reconnaître un ensemble de mérites que beaucoup de maîtres pourraient lui envier : application au travail, fidélité, sûreté. Ce ne sont pas en eux-mêmes des mérites inférieurs. Il est certain seulement que, dans la diversité des êtres, on en voit qui tendent naturellement vers la dépendance, comme d'autres se montrent incapables de la supporter. Un sentiment assez vif d'ordre, de hiérarchie, une confiance instinctive en ceux qui occupent les degrés plus élevés de l'échelle sociale, une crainte naturelle de l'initiative, et un penchant vers les tâches réglées et définies, enfin un besoin indéfinissable, mais très puissant, de s'attacher à quelque chose de durable et de fort ; — telles sont sans doute les dispositions qui préparent le bon domestique. Et, dans le nombre, il en est d'humbles, mais il n'en est pas de basses ; et la plupart peuvent contribuer, autant que la fierté la plus impatiente, à former une âme d'une noblesse morale incomparable » (1).

---

(1) Louis-Delzons, dans une chronique de la *Revue hebdomadaire* du 25 janvier 1913.

La Loi ne crée ni la noblesse de l'âme, ni la générosité dans l'emploi. Ce n'est pas son office.

Seconde raison, plus profonde. C'est que la condition du serviteur *tient de trop près à la famille*, et par sa nature même, et par tout ce que les siècles ont fait, du moins en France, pour qu'un texte de loi suffise à rétablir entre maîtres et serviteurs un équilibre et un accord durables. Les traditions les rapprochaient, les mœurs les tenaient unis sans effort : ce sont des mœurs, des traditions, qu'il s'agit de refaire ; donc des familles.

On se tromperait fort, en effet, de penser qu'une amélioration apportée au statut légal des domestiques puisse jamais égaler ce que la famille faisait spontanément pour eux autrefois. La condition du *vrai domestique* est trop étroitement rattachée à celle de la famille pour qu'une loi suffise à restaurer l'une quand l'autre s'altère. Ici comme toujours, ce ne sont pas les lois qui font les mœurs ; elles en sont l'expression avant d'en être la règle extérieure consacrée par un texte officiel et garantie par des sanctions.

Si, par plus d'un côté, les serviteurs sont sortis de l'infériorité légale qui les diminuait autrefois, s'ils paraissent plus efficacement protégés contre l'arbitraire, leur infériorité de jadis était largement rachetée par la façon dont on traitait les serviteurs ; c'était la façon *familiale*. La protection de la loi n'était pas nécessaire ; le *patronat familial* la remplaçait, et avec avantage. Si cette *condition intérieure de la famille* était restaurée, les rapports entre maîtres et serviteurs, garantis ou non par les lois, trouveraient dans les mœurs, surtout dans l'aide morale réciproque, des garanties meilleures et moins précaires.

Veut-on s'occuper des domestiques ? L'œuvre à faire,

c'est de créer, en rétablissant la confiance mutuelle et les échanges dévoués, une *atmosphère*, des *habitudes*, des *dispositions morales*, que *la famille seule peut créer*. Pourquoi les bons rapports ont-ils cessé ? Parce que la famille est diminuée moralement. Quand cessent-ils encore ? Quand l'idée du *service* est ravalée jusqu'à la notion du seul contrat ; quand la tradition manque ; quand, au lieu d'une lignée de serviteurs attachés à la Maison, il n'existe plus que des individus, payés pour leur savoir-faire.

Lorsque le *statut légal* prend la place du *statut moral*, il n'est pas surprenant que, du côté des serviteurs, les exigences augmentent. On s'explique, alors, les précautions de la peur, les méfiances de la faiblesse (car ils sont les plus faibles, alors) qui se met en garde contre l'ennemi, comme aussi les habiletés de l'intérêt, qui s'efforce de retirer le plus de profit possible d'une entreprise où il y a des hasards, des risques à courir, et souvent plus à perdre qu'à gagner.

Le serviteur n'est plus aidé ; pourquoi aiderait-il ?

Le serviteur n'est plus aimé ; pourquoi veut-on qu'il aime ?

On ne l'invite pas à un échange de dévouement, on l'oblige à des besognes payées au tarif.

On ne le cherche pas, on ne le désire pas, on le subit. Il est l'outil nécessaire, l'instrument, le rouage, rien de plus.

Au lieu de deux services généreux, solidaires, mais non rivaux, unis dans l'exercice d'une œuvre commune, où tous les deux à des titres divers font la même tâche, voici deux égoïsmes qui s'observent, qui se heurtent (1),

(1) Un exemple. M. Fernand NICOLAY, dans *La vie compliquée, étude d'actualité* (Perrin, 1913), fait remarquer les *complications*

supputant le besoin qu'ils ont l'un de l'autre, et arrêtant à ces limites précises le concours qu'ils se donnent.

Le remède, on le voit, ne se trouvera que dans l'exercice d'une solidarité plus haute qui, dépassant la justice stricte, reposera sur la *bienveillance*, et impliquera une collaboration aimante au lieu d'un contrat ou d'un rollet (1).

C'est seulement *au sein de la famille* que cette idée, ce programme d'*un vrai service moral* peut être réalisée.

La crise de la domesticité s'est aggravée depuis la guerre ; elle a pris les proportions d'un fléau. Pourquoi ? — A cause des difficultés de la vie chère, en partie ; du fait de la lutte des classes aussi, dont le syndicalisme à tendance révolutionnaire a soigneusement répandu la formule et propagé l'esprit ; pour d'autres motifs enfin dont l'étude forme l'aspect *social* de la question. — Le problème, assurément, reste complexe. C'est toute la question du salariat, des rapports de l'employé avec l'employeur. Nous ne pouvons la traiter ici.

Mais, à cause du caractère spécial de proximité et d'intimité que supposent les rapports *constants*, et tout *de confiance*, entre le « domestique » et le maître de la « maison », entre la servante et sa dame, entre les serviteurs et les

---

que nous introduisons souvent dans la vie des autres en négligeant, par paresse ou lâcheté, certains *devoirs de situation*.

« Un domestique est voleur ou immoral... Combien de maîtres donneront d'excellents renseignements sur son compte, souvent avec d'autant plus de faveur qu'ils désireront s'en débarrasser ! Et, trahissant la confiance des honnêtes gens, ces maîtres, inspirés par un honteux égoïsme, soutiendront ainsi de leur crédit et de leur réputation des gredins qui iront dévaliser le voisin, ou corrompre sa jeune famille.

« Comme excuse, on dira qu'on n'a pas le droit de nuire, en donnant de mauvais renseignements : telle est la nouvelle *méthode* Or, cela est fort préjudiciable *aux bons et honnêtes serviteurs*, puisqu'on ne fait pas de différence...

« Qu'importe cette double injustice, du moment qu'on s'est évité ces tracas ! » (p. 26).

(1) Voir Henry JOLY, *La Crise de la domesticité* (Société bibliographique, n° 10), de Gigord, 1913. La crise de la domesticité n'est guère qu'un épisode de la guerre des classes. Enquête (excellente) sur *les difficultés du recrutement domestique*, p. 24 et suiv.

enfants, la question se complique d'*éléments moraux*, et réclame, pour être résolue pacifiquement, l'application des 4° et 7° Commandements de Dieu, bien plus que les contrats de travail ou les conventions de louage.

Nous. n'effleurons ici, on le comprend, ces délicates matières qu'au point de vue de la Famille.

Trois notions doivent être simultanément restaurées dans les esprits pour qu'un certain équilibre se rétablisse : 1° l'inévitable, et providentielle, inégalité des conditions, à laquelle il faut, dans certaines limites, se résigner comme à là volonté de Dieu même (voir Lesêtre, *La Foi*, p. 455) ; 2° la dignité du travail, même salarié (voir P. Coulet, *La doctrine catholique du travail salarié*, brochure, Action Populaire, excellent sujet de cercle d'études) ; 3° le devoir de pratiquer, non pas seulement la charité, mais l'équité, dans les rapports entre maîtres et serviteurs.

Quant aux maîtres, ils pourront retirer de la crise présente, indépendamment d'un souvenir plus net de leurs obligations vis-à-vis des domestiques, plus d'un avantage, dont le bien social profitera : ils auront appris, les maîtres chrétiens du moins, à se servir volontiers eux-mêmes, à étaler moins de luxe dans leurs demeures, à pratiquer dans leur vie entière cette restriction volontaire, tempérance et pénitence, qui est de mise chez tout disciple de Jésus-Christ pauvre et ami des pauvres, et dont le spectacle apaiserait chez les moins fortunés tant de rancunes (*).

3. La Religion

Mais la *Famille* pas plus que la *Loi* ne fera seule ce travail.

Pour donner aux rapports entre maîtres et serviteurs leur pleine aisance et toute leur ampleur, nous l'avons

----

(*) Nous omettons ici, bien à regret, tel *sermon* de Bourdaloue sur le *soin des domestiques*, que nous analysons dans la 1re édition, et qui rappelle avec force, et sans faux ménagements, à tous les maîtres leurs obligations de justice, de respect et de charité vis-à-vis de leurs domestiques.

vu, il est nécessaire que le serviteur, au lieu de n'être qu'un *salarié*, entre à la façon presque dans la famille ; à l'arrière-plan du foyer sans doute, mais autour, et tout près.

Mais encore, *de quelle famille s'agit-il ?* De celle où les calculs privés, les petits intérêts prennent la place des sentiments élevés ? Assurément non...

Pour que les serviteurs, dans la famille, soient traités comme il convient ; pour que la stricte justice soit dépassée à leur égard ; pour qu'ils soient aptes à un rôle de confiance intime et encouragés à le remplir, il faut des familles où puissent fleurir les qualités morales, que ne développent ni la loi ni les contrats. On appelle ces qualités, de leur vrai nom, *des vertus* ; car elles supposent la victoire sur l'égoïsme, le don de soi après l'oubli de soi, le désintéressement avec l'humilité.

Pour que le domestique vérifie son nom, pour qu'il soit *de la maison*, demandez au maître d'être bon, condescendant, patient, d'obtenir au lieu d'exiger, de commander avec charité, de n'avoir ni raideur ni rigueur, de faire comprendre à son serviteur, par son attitude, par ses conseils, par toute sa conduite, qu'il n'est pas seulement un étranger à gages fixes.

Cette conduite obtiendra des sacrifices du même genre, consentis en retour.

Est-ce la bonté du maître qui provoque le dévouement du serviteur et qui s'en rend digne, ou réciproquement ? Je ne sais ; mais les deux s'appellent. Le vrai serviteur est admis dans les intérêts de la maison ; il en garde avec soin l'honneur, les souvenirs, les biens, les enfants surtout ; il les aime, il en est fier ; ils sont un peu à lui ; il a mis là tout son cœur. Se faire payer est le moindre de ses soucis. Il entre toujours plus de joie que de calcul dans son service. Il sait, il sent qu'il est aussi de la famille.

Un des moyens par lesquels se réalisait autrefois cette intimité, c'était la « dynastie des domestiques », établis à demeure, de père en fils, dans la demeure des maîtres, vieillissant avec eux, se survivant auprès d'eux, se transmettant *le service* comme une consigne d'honneur et de fidélité. Les « prix de vertu » ont honoré plus d'une fois ce genre de constance ; elle est l'hommage d'une famille de serviteurs sans reproche à une famille de maîtres pleins de cœur... On voit le genre de *vertus* qu'implique cette fidélité.

Or, il serait téméraire de prétendre faire fleurir ces *vertus* sans l'influence de *la religion*. Condescendance, dévouement ; humilité qui s'abaisse, humilité qui s'oublie ; docilité, charité ; ce sont là des vertus d'*essence chrétienne*. Non pas qu'elles soient le monopole de la religion révélée (le paganisme a connu et célébré quelques vertus naturelles), ni de la religion catholique ; mais elles n'auront ailleurs ni l'éclat, ni la force, ni la durée, ni la délicatesse de la vraie vertu ; surtout elles manqueront de cette force régénératrice que leur assure la condition *surnaturelle* dans laquelle le chrétien les exerce.

Ainsi comprises, toutes les mesures légales ou sociales, par lesquelles on cherchera à rendre meilleur le sort du serviteur, à l'aider, à le protéger, seront utiles et efficaces parce que surnaturelles. Le *contrat de louage* sera dépassé par le *contrat de dévouement* ; et ce dévouement s'appellera amour de Dieu et du prochain.

Alors se fera, pour des résultats durables, pour des expériences que Dieu bénira, cette éducation de la *Charité*, aussi nécessaire (en ce sens) que celle de la Justice ; la Charité devenant alors, suivant le mot heureux de M. G. Goyau, « une compétence sans cesser pour cela de rester un amour » (1).

***

QUELQUES PASSAGES A RELIRE

1. Mgr BAUNARD, dans *Le Collège chrétien*, parlant des Domestiques aux élèves qui l'écoutaient, leur disait : Vous serez bons, vous serez dignes.

Bons par *conviction*, parce qu'une vraie fraternité vous unit à eux. Ceux qui l'oublient mériteraient cette réponse que fit un jour à la jeune princesse Louise de France, plus tard Carmélite, la préceptrice de cette fille de Louis XV. L'enfant avait dit, impertinente : « Vous oubliez que je suis la fille de votre Roi ». — « Et vous, vous oubliez que je suis la fille de votre Dieu ».

Bons par *compassion*, parce qu'il est naturel et chrétien d'exercer la compassion vis-à-vis de ceux qui sont petits. Or, ils sont petits, les serviteurs, humiliés par leur condition même. La nuance de cette bonté sera l'entière justice ; être juste est une des manières d'être bon. Et si l'on veut une règle pratique, que l'on se mette un instant « à leur place »...

Bons par *reconnaissance*. Ils rendent service ; et le genre de services qu'ils rendent est plus difficile à rencontrer que tout autre. On se passe plus facilement de celui qui est servi que de celui qui sert. — « Ils sont payés » dit-on. Dure parole. Payés ? est-ce bien sûr ? Il est des offices que l'argent ne paie pas.

Bons par *intérêt* aussi. Les représailles sont toujours possibles. Il y a des représailles plus dangereuses que la révolte

---

(1) « Non point une compétence prétentieuse, qui dogmatise au lieu de soulager : la science qu'enflamme l'amour n'est jamais un pédantisme » ; mais « une science plus simple, celle de voir, d'apprendre à regarder, de dire ce que nous avons vu et d'oser conclure. Et les plus savants dans cette science seront, soyez-en sûrs, parce qu'ils auront été les plus dignes d'y progresser, ceux qui aimeront le mieux le Christ ; les plus grands spécialistes seront ceux qui, d'abord, auront le mieux pratiqué l'art du dévouement. » (G. GOYAU, *Autour du catholicisme social*, 5e série, p. 298).

ouverte ; c'est l'animosité, la malveillance... Et n'a-t-on pas toujours plus d'intérêt à se faire aimer qu'à se faire craindre ?

Pour être *bons* de cette manière, il faut être *chrétiens*, et vivre comme tels.

2. *Dans l'Evangile* (1), une leçon nous est donnée par ce centurion romain, païen encore par la profession, chrétien déjà par le cœur, qui vient appeler Jésus au secours de son serviteur. Secourir son serviteur, c'était, à l'entendre, l'aider lui-même.

Notre-Seigneur loue *sa foi*. Mais il est permis de penser qu'il ne fut pas moins sensible à ce *mouvement de charité* qui portait cet homme à solliciter, comme un service rendu à lui-même, la guérison de ce serviteur. C'était la foi vivante animée par la bonté.

La bonté de cet officier, du reste, était proverbiale ; si connue que les Anciens du peuple n'hésitent pas à le recommander au Sauveur. S'il demandait la guérison de son serviteur, c'était moins par intérêt, apparemment (assez d'autres l'auraient remplacé au service de ce personnage), que par bonté. *Il aimait* son serviteur. Jésus le lui rend.

Bien des serviteurs seraient ainsi rendus à leurs maîtres, si leurs maîtres commençaient par les aimer.

Il n'est pas difficile de comprendre *pourquoi* la morale chrétienne sera, ici, le spécifique, le remède infaillible, le seul remède. Elle est *souveraine contre l'égoïsme*. De trois manières, elle le combat :

A) Elle insiste sur l'*égalité essentielle de nature* entre les hommes, sans effacer pourtant les inégalités providentielles ; lesquelles ont leur raison d'être dans une loi de dépendance et de hiérarchie, et trouvent leur compensation, sans retard, dans les services mutuels dont profite le corps entier, plus tard dans la récompense préparée plus grande par Dieu à ceux qui auront pratiqué des vertus plus difficiles et traversé des jours moins heureux.

B) Elle proclame le *devoir de la fraternité* entre les hommes ; non pas au seul titre de la condition humaine comme telle, laquelle ne crée qu'une solidarité ; mais au titre de la condition *chrétienne*, laquelle n'a rien d'abstrait ; le dogme de l'Incarnation donnant à ce devoir une douceur

---

(1) Saint MATTHIEU, chap. 8 ; et Saint LUC, chap. 7.

et une splendeur que les considérations théoriques n'atteindront jamais.

c) De plus, elle fait ressortir, par la *dignité morale du chrétien en état de grâce,* la noblesse et la valeur de la *personnalité* humaine, commandant ainsi le respect de l'homme par des motifs supérieurs à toute discussion (1).

En outre, l'Eglise place plus haut que toutes les conditions particulières si élevées qu'elles soient la condition fondamentale, obligatoire pour tous, *du Service de Dieu ;* conditions, états, vocations diverses n'ayant de grandeur à ses yeux que dans la mesure où ils rendent possible et facile l'exercice de ce premier devoir.

Enfin, elle fait le plus grand cas de *la condition dépendante et servile,* l'estimant plus sûre, moins exposée aux illusions et aux abus, plus propice au salut, plus semblable à la condition choisie volontairement par Jésus-Christ, lequel s'est fait serviteur, ouvrier, mercenaire, et n'a voulu être qu'un obéissant.

3. *Trois passages de saint Paul* mériteraient ici d'être étudiés de près. Ils contiennent, sur la question présente, la doctrine la plus élevée et la plus pratique (*).

---

(1) Il suffit de rappeler ce que le christianisme a fait pour la suppression lente de l'esclavage, pour la réhabilitation du travail manuel, pour l'amélioration du sort des classes pauvres :

« Recommander la modération à un maître servi par des hommes libres qui peuvent le quitter, c'est peu de chose. Prêcher la soumission à un serviteur qui ne redoute rien autant que d'être congédié parce qu'il a besoin de servir pour vivre, c'est peu. Mais apparaître dans une société où le maître est tout et l'esclave rien, inspirer à ce tout-puissant l'amour et le respect de cette chose vile, obtenir de cette victime non seulement qu'elle se résigne à son sort, mais qu'elle aime celui qui l'opprime,

---

(*) *Nous indiquons seulement, dans la présente édition, ces trois passages :* 1) aux Ephésiens, *ch.* 5 et 6 ; 2) aux Colossiens, *ch.* 3 ; 3) à Philémon. *Nous omettons aussi une citation de M. Paul* ALLARD (*Dix leçons sur le martyre,* GABALDA), *chap.* 5, *Conditions sociales des martyrs (pénétration sociale du christianisme) ; et une exhortation excellente de* BOURDALOUE, *sur le soin des domestiques,* 2° Dim. *après Pâques. Le P.* DUTREMEZ *l'a éditée à part dans sa Petite Bibliothèque chrétienne (Brunet, Arras).*

Ce sont les pages 220 *à* 231 *de la première édition.*

Concluons par deux remarques à l'adresse des maîtresses de maison, responsables du personnel. Elles s'appliqueront à la réforme du service domestique ; de deux manières surtout.

Avant tout, par un mouvement d'opinion et de propagande *en vue de faciliter partout aux serviteurs l'exercice du devoir religieux.*

Il appartient aux dames de travailler, par le christianisme, à la solution du conflit entre serviteurs qui ne veulent plus donner le dévouement et maîtres qui ne savent plus mériter le respect. C'est donc à une distribution régulière de secours religieux que doit tendre leur effort. Le mouvement d'opinion qu'elles peuvent créer, avec la propagande qui appuiera leur action, facilitera aux domestiques l'accomplissement du devoir chrétien ; elles accorderont le temps voulu et les heures convenables, non pas à la seule convenance du maître ; car il ne faut pas que tout cède aux nécessités d'un service dont on aura par avance fixé les conditions, sans tenir compte que de ses propres avantages. Elles accorderont de plein gré aux serviteurs, pour la pratique religieuse, des encouragements qui fassent entendre quel prix elles y attachent. Elles donneront généreusement l'exemple. A domicile, elles prodigueront l'assistance spirituelle : brochures de religion, images de piété dans les chambres ; tracts, revues populaires, pour les heures de loisir ; bons livres surtout, avec une surveillance énergique pour

c'est l'œuvre qu'imposait l'état du monde il y a 18 siècles, et que nulle force humaine ne pouvait accomplir. C'est pourquoi le christianisme l'accomplit... » Am. DE MARGERIE, *La Famille,* 22e leçon. Consulter aussi A. BAUDRILLART, *La Charité aux premiers siècles du christian.* (Sc. et Relig., 253) ; — abbé SABATIER, *L'Eglise et le travail manuel* (Sc. et Relig., 37) ; — et la biographie de l'illustre patricienne *Sainte Mélanie,* par G. GOYAU (Lecoffre).

écarter les mauvais, et des mesures radicales contre la pornographie, les romans licencieux, et l'immoralité. Elles permettront enfin, elles conseilleront l'enrôlement dans les œuvres et associations chrétiennes de domestiques, avec le droit et le temps d'assister aux réunions de ces Œuvres.

Et puis, *pratiquement*, elles feront *œuvre de charité chrétienne*, par la réforme des logements de domestiques ; par la surveillance des bureaux de placements ; par le concours donné aux écoles ménagères, et aux écoles professionnelles de domestiques.

Il est peu d'œuvres de charité plus nécessaires, parce qu'il est peu de détresses plus dignes d'intérêt.

ÉPILOGUE

Plusieurs des considérations développées dans ce petit livre viennent d'être soulignées (pas toutes cependant) dans les importantes *Journées Familiales d'Ostende* (21, 22 août 1920), vraie charte d'alliance franco-belge, plus significative et moins précaire que celle des traités (1).

Nous citerons volontiers ici les Conclusions de ces *Journées* :

« Les congressistes des « Journées familiales d'Ostende » réunis sous les auspices de :

La Ligue de l'Education familiale ;
La plus grande Famille ;
L'Alliance Nationale ;
L'Assistance éducative ;
L'Action sociale de la femme,

proclament à l'unanimité que la reconstitution sociale dépend avant tout de la famille.

La famille, en nous imposant des devoirs auxquels les sentiments les plus profonds nous attachent, a pour effet naturel d'arracher l'homme à son égoïsme, de l'élever jusqu'à l'oubli de soi-même, condition première des grandes œuvres, et de le rendre ainsi plus capable de collaborer aux plus nobles intérêts de la société, à l'œuvre primordiale de la vraie civilisation.

Par le fait qu'il a créé une famille, l'homme donne à la nation une nouvelle force, un nouvel élément de stabilité, de prospérité et d'avenir, ce qui lui constitue un droit incontestable à être, pour cette seule raison, doté de privilèges correspondant aux services qu'il a rendus à l'intérêt général.

La famille dispose des moyens les plus efficaces pour rendre les générations futures plus saines, plus intelligentes, plus morales, parce que les parents sont les éducateurs naturels de leurs enfants, qu'ils en sont les éducateurs exclusifs les premières années, qu'ils ont en eux-mêmes les qualités d'amour, de dévouement, de patience, requises à la grande œuvre de l'éducation, qu'ils sont et seront toujours en plus grand nombre que les autres éducateurs, que leur action éducative a une durée beaucoup plus longue, qu'ils connaissent mieux le caractère de leurs enfants et disposent de sanctions plus fortes.

---

(1) On sait que deux Ministres présidaient ces *Journées* : M. le baron RUZETTE, Ministre de l'Agriculture en Belgique ; et M. J.-L. BRETON, Ministre de la Prévoyance Sociale en France.

Si jusqu'ici l'éducation familiale n'a pas produit tous les résultats espérés, cela provient en grande partie de ce que les dirigeants n'ont pas suffisamment orienté leurs efforts vers la préparation de la famille, en vue de sa mission éducatrice et n'ont pas assez favorisé son développement.

La reconstitution morale d'un pays est beaucoup plus importante que sa restauration matérielle. Il est prouvé qu'un peuple de haute valeur morale est plus en mesure d'assurer la prospérité matérielle de son pays, et il n'est pas démontré que si l'on développe d'abord le bien-être matériel, il en résultera un progrès moral.

Il est également évident que des mesures préventives d'hygiène sociale sont plus efficaces que les mesures curatives ou répressives. Or, la première éducation familiale est la mesure préventive par excellence.

Pour toutes ces raisons, les congressistes demandent que toutes les autorités, que toutes les institutions, toutes les œuvres sociales orientent leurs efforts vers la protection et le développement de la famille, et la préparation à sa mission éducatrice, notamment par les moyens suivants :

a) Pour la *Famille* :

En protégeant la famille, cellule vivante de la nation (indissolubilité, traditions, autorité de son chef) ; en faisant disparaître peu à peu du code des nations civilisées toutes les dispositions pouvant lui porter atteinte à l'un quelconque de ces points de vue ;

En assurant au chef de famille en tant que tel (père, mère, tuteur ou aîné des enfants) des prérogatives sociales et politiques plus étendues que celles du simple citoyen et en donnant à son vote en toute matière une autorité d'une valeur proportionnelle aux intérêts qu'il représente ;

En appliquant un sursalaire familial ;

En favorisant la construction d'habitations économiques, saines, agréables, permettant le développement de la vie familiale notamment pour les familles nombreuses et plus spécialement dans les régions dévastées ;

En engageant les familles bourgeoises à se familiariser avec la langue du peuple afin de pouvoir contribuer plus aisément à son éducation ;

En engageant les ouvriers à passer leurs loisirs en famille et à cultiver leur coin de terre avec leurs enfants ;

En renseignant les familles sur les livres les plus moralisants ;

En favorisant la vie à la campagne ;

En créant des Ligues pour la défense des intérêts de la famille, dans les pays où il n'en existe pas encore ;

En faisant reconnaître aux Ligues d'éducation familiale la personnalité civile.

b) Pour les *Parents* :

Par l'organisation de conférences pratiques sur l'éducation familiale, par des parents et des éducateurs expérimentés ;

Par la création de cercles de parents ;

Par la distribution et la vente de brochures sur l'éducation ;

Par la diffusion de revues d'éducation familiale ;

Par la publication dans les journaux quotidiens d'articles sur l'éducation ;

Par l'organisation de bibliothèques et d'expositions relatives à l'éducation des enfants dans la famille.

c) Pour les *Futurs Parents* :

En orientant l'école vers la préparation à la vie familiale ;

En créant des chaires de pédagogie familiale dans les écoles normales et les universités.

Les congressistes souhaitent une collaboration plus intime de tous les éducateurs pour l'amélioration des méthodes d'éducation familiale, sans préoccupation de politique de parti, et en respectant les opinions confessionnelles des familles. Ils demandent qu'il se forme partout des *comités d'initiative* pour étudier de plus près ces problèmes et en faire l'objet de plus amples échanges de vues au 4ᵉ congrès international d'éducation familiale qui aura lieu à Strasbourg, en septembre 1921, en même temps que le 3ᵉ congrès international de l'enseignement ménager. »

Toutefois, qu'on nous permette d'exprimer une réserve, dont personne ne s'étonnera s'il a parcouru notre livre *Par la Famille*. La lettre, sinon l'esprit, de ces Conclusions demeure trop *neutre*. Pas un mot de la Religion, de son influence, de sa nécessité, comme premier moyen, et *seul efficace*, de moraliser la Famille, et de la guérir des maux dont elle souffre. Benoît XV ne vient-il pas pourtant de signaler ce remède au monde, par son *Motu proprio* du 25 juillet 1920 (*Bonum sane*) ?... On aurait pu tout au moins décerner à la religion, *dans une matière qui relève d'elle*, un modeste hommage. Et quel est, je ne dis pas le catholique, je ne dis pas le chrétien, mais l'homme raisonnable qui ne doive souscrire à cet hommage, à tout le moins au nom *des faits* ?...

Il est trop visible, dans la teneur de ce texte, que — pour recruter sans doute plus d'adhérents — on garde le silence sur la partie spécifiquement religieuse de ce plan de *restauration familiale* : silence qui n'a rien d'affecté, soit ; mais, les intentions mises hors de cause, cette tactique minimisante (qui pourra être de mise en d'autres domaines) risque fort de compromettre, au lieu de les préparer, les résultats que l'on souhaite, — moraux plus que matériels — et que l'on se promet en s'unissant. L'union est désirable, indispensable, mais dans *l'unité*, c'est-à-dire dans l'affirmation doctrinale, non pas dans l'abstention silencieuse, là du moins où le sujet comporte un minimum explicite d'énoncés religieux. Il ne nous paraît pas que, dans l'espèce, on ait atteint ce minimum.

A. M. D. G.

TABLE DES MATIÈRES

Chapitre III. — L'ENFANT.

Chapitre IV. — LES ENNEMIS DE L'ENFANT.

Chapitre V. — VOCATION & VOCATIONS.

Chapitre VI. — L'ENSEIGNEMENT RELIGIEUX & LA FEMME.

Chapitre VII. — NOS SERVITEURS.

ORLÉANS. — IMPRIMERIE DU LOIRET